書名：命理大四字金前定數
系列：心一堂術數珍本古籍叢刊　星命類
作者：晉鬼谷子王詡撰
主編、責任編輯：陳劍聰
心一堂術數古籍珍本叢刊編校小組：陳劍聰　素聞　梁松盛　鄒偉才　虛白盧主

出版：心一堂有限公司
通訊地址：香港九龍旺角彌敦道六一〇號荷李活商業中心十八樓〇五—〇六室
深港讀者服務中心·中國深圳市羅湖區立新路六號羅湖商業大厦負一層〇〇八室
電話號碼：(852)67150840
網址：publish.sunyata.cc
電郵：sunyatabook@gmail.com
網店：http://book.sunyata.cc
淘寶店地址：https://shop210782774.taobao.com
微店地址：https://weidian.com/s/1212826297
臉書：https://www.facebook.com/sunyatabook
讀者論壇：http://bbs.sunyata.cc/

版次：二零一一年九月初版
平裝

港幣　　二百七十八元正
定價：人民幣　二百七十八元正
新台幣　一千一百一十元正

國際書號：ISBN 978-988-8058-80-8

香港發行：香港聯合書刊物流有限公司
地址：香港新界大埔汀麗路36號中華商務印刷大廈3樓
電話號碼：(852)2150-2100
傳真號碼：(852)2407-3062
電郵：info@suplogistics.com.hk

台灣發行：秀威資訊科技股份有限公司
地址：台灣台北市內湖區瑞光路七十六巷六十五號一樓
電話號碼：+886-2-2796-3638
傳真號碼：+886-2-2796-1377
網絡書店：www.bodbooks.com.tw
台灣國家書店讀者服務中心：
地址：台灣台北市中山區松江路二〇九號一樓
電話號碼：+886-2-2518-0207
傳真號碼：+886-2-2518-0778
網絡書店：http://www.govbooks.com.tw

中國大陸發行　零售：深圳心一堂文化傳播有限公司
深圳地址：深圳市羅湖區立新路六號羅湖商業大厦負一層〇〇八室
電話號碼：(86)0755-82224934

心一堂微店二維碼

心一堂淘寶店二維碼

心一堂術數古籍珍本叢刊 總序

術數定義

術數，大概可謂以「推算、推演人(個人、群體、國家等)、事、物、自然現象、時間、空間方位等規律及氣數，並或通過種種『方術』，從而達致趨吉避凶或某種特定目的」之知識體系和方法。

術數類別

我國術數的內容類別，歷代不盡相同，例如《漢書・藝文志》中載，漢代術數有六類：天文、曆譜、無行、蓍龜、雜占、形法。至清代《四庫全書》，術數類則有：數學、占候、相宅相墓、占卜、命書、相書、陰陽五行、雜技術等，其他如《後漢書・方術部》、《藝文類聚・方術部》、《太平御覽・方術部》等，對於術數的分類，皆有差異。古代多把天文、曆譜、及部份數學均歸入術數類，而民間流行亦視傳統醫學作為術數的一環；此外，有些術數與宗教中的方術亦往往難以分開。現代學界則常將各種術數歸納為五大類別：命、卜、相、醫、山，通稱「五術」。

本叢刊在《四庫全書》的分類基礎上，將術數分為九大類別：占筮、星命、相術、堪輿、選擇、三式、讖緯、理數(陰陽五行)、雜術。而未收天文、曆譜、算術、宗教方術、醫學。

術數思想與發展——從術到學，乃至合道

我國術數是由上古的占星、卜蓍、形法等術發展下來的。其中卜蓍之術，是歷經夏商周三代而通過「龜卜、蓍筮」得出卜(卦)辭的一種預測(吉凶成敗)術，之後歸納並結集成書，此即現傳之《易經》。經過春秋戰國至秦漢之際，受到當時諸子百家的影響、儒家的推崇，遂有《易傳》等的出現，原本是卜蓍術書的《易經》，被提升及解讀成有包涵「天地之道(理)」之學。因此，《易・繫辭傳》曰：「易與天地準，故能彌綸天地之道。」

漢代以後，易學中的陰陽學說，與五行、九宮、干支、氣運、災變、律曆、卦氣、讖緯、天人感應說等相結

合，形成易學中象數系統。而其他原與《易經》本來沒有關係的術數，如占星、形法、選擇，亦漸漸以易理（象數學說）為依歸。《四庫全書・易類小序》云：「術數之興，多在秦漢以後。要其旨，不出乎陰陽五行，生尅制化。實皆《易》之支派，傅以雜說耳。」至此，術數可謂已由「術」發展成「學」。

及至宋代，術數理論與理學中的河圖洛書、太極圖、邵雍先天之學及皇極經世等學說給合，通過術數以演繹理學中「天地中有一太極，萬物中各有一太極」（《朱子語類》）的思想。術數理論不單已發展至十分成熟，而且也從其學理中衍生一些新的方法或理論，如《梅花易數》、《河洛理數》等。

在傳統上，術數功能往往不止於僅僅作為趨吉避凶的方術，及「能彌綸天地之道」的學問，亦有其「修心養性」的功能，「與道合一」（修道）的內涵。《素問・上古天真論》：「上古之人，其知道者，法於陰陽，和於術數。」數之意義，不單是外在的算數、歷數、氣數，而是與理學中同等的「道」、「理」—心性的功能，北宋理氣家邵雍對此多有發揮：「聖人之心，是亦數也」、「萬化萬事生乎心」、「心為太極」。《觀物外篇》：「先天之學，心法也。…蓋天地萬物之理，盡在其中矣，心一而不分，則能應萬物。」反過來說，宋代的術數理論，受到當時理學、佛道及宋易影響，認為心性本質上是等同天地之太極。天地萬物氣數規律，能通過內觀自心而有所感知，即是內心也已具備有術數的推演及預測、感知能力；相傳是邵雍所創之《梅花易數》，便是在這樣的背景下誕生。

《易・文言傳》已有「積善之家，必有餘慶；積不善之家，必有餘殃」之說，至漢代流行的災變說及讖緯說，我國數千年來都認為天災，異常天象（自然現象），皆與一國或一地的施政者失德有關；下至家族、個人之盛衰，也都與一族一人之德行修養有關。因此，我國術數中除了吉凶盛衰理數之外，人心的德行修養，也是趨吉避凶的一個關鍵因素。

術數與宗教、修道

在這種思想之下，我國術數不單只是附屬於巫術或宗教行為的方術，又往往已是一種宗教的修煉手段—通過術數，以知陰陽，乃至合陰陽（道）。「其知道者，法於陰陽，和於術數。」例如，「奇門遁甲」術中，即分為「術奇門」與「法奇門」兩大類。「法奇門」中有大量道教中符籙、手印、存想、內煉的內容，是道教內丹外法的一種重要外法修煉體系。甚至在雷法一系的修煉上，亦大量應用了術數內容。此外，相術、堪輿術中也有修煉望氣色的方法；堪輿家除了選擇陰陽宅之吉凶外，也有道教中選擇適合修道環境（法、財、侶、地中的地）的方法，以至通過堪輿術觀察天地山川陰陽之氣，亦成為領悟陰陽金丹大道的一途。

易學體系以外的術數與的少數民族的術數

我國術數中，也有不用或不全用易理作為其理論依據的，如楊雄的《太玄》、司馬光的《潛虛》。也有一些占卜法、雜術不屬於《易經》系統，不過對後世影響較少而已。

外來宗教及少數民族中也有不少雖受漢文化影響（如陰陽、五行、二十八宿等學說）但仍自成系統的術數，如古代的西夏、突厥、吐魯番等占卜及星占術，藏族中有多種藏傳佛教占卜術、苯教占卜術、擇吉術、推命術、相術等；北方少數民族有薩滿教占卜術；不少少數民族如水族、白族、布朗族、佤族、彝族、苗族等，皆有占雞（卦）草卜、雞蛋卜等術，納西族的占星術、占卜術，彝族畢摩的推命術、占卜術…等等，都是屬於《易經》體系以外的術數。相對上，外國傳入的術數以及其理論，對我國術數影響更大。

曆法、推步術與外來術數的影響

我國的術數與曆法的關係非常緊密。早期的術數中，很多是利用星宿或星宿組合的位置（如某星在某州或某宮某度）付予某種吉凶意義，并據之以推演，例如歲星（木星）、月將（某月太陽所躔之宮次）等。不過，由於不同的古代曆法推步的誤差及歲差的問題，若干年後，其術數所用之星辰的位置，已與真實星辰的位置不一樣了；此如歲星（木星），早期的曆法及術數以十二年為一周期（以應地支），與木星真實周期十一點八六年，每幾十年便錯一宮。後來術家又設一「太歲」的假想星體來解決，是歲星運行的相反，週期亦剛好是十二年。而術數中的神煞，很多即是根據太歲的位置而定。又如六壬術中的「月將」，原是立春節氣後太陽躔娵訾之次而稱作「登明亥將」，至宋代，因歲差的關係，要到雨水節氣後太陽才躔娵訾之次，當時沈括提出了修正，但明清時六壬術中「月將」仍然沿用宋代沈括修正的起法沒有再修正。

由於以真實星象周期的推步術是非常繁複，而且古代星象推步術本身亦有不少誤差，大多數術數除依曆書保留了太陽(節氣)、太陰(月相)的簡單宮次計算外，漸漸形成根據干支、日月等的各自起例，以起出其他具有不同含義的眾多假想星象及神煞系統。唐宋以後，我國絕大部份術數都主要沿用這一系統，也出現了不少完全脫離真實星象的術數，如《子平術》、《紫微斗數》、《鐵版神數》等。後來就連一些利用真實星辰位置的術數，如《七政四餘術》及選擇法中的《天星選擇》，也已與假想星象及神煞混合而使用了。

隨着古代外國曆(推步)、術數的傳入，如唐代傳入的印度曆法及術數，元代傳入的回回曆等，其中我國占星術便吸收了印度占星術中羅睺星、計都星等而形成四餘星，又通過阿拉伯占星術而吸收了其中來自希臘、巴比倫占星術的黃道十二宮、四元素學說(地、水、火、風)，並與我國傳統的二十八宿、五行說、神煞系統並存而形成《七政四餘術》。此外，一些術數中的北斗星名，不用我國傳統的星名：天樞、天璇、天璣、天權、玉衡、開陽、搖光，而是使用來自印度梵文所譯的：貪狼、巨門、祿存、文曲，廉貞、武曲、破軍等，此明顯是受到唐代從印度傳入的曆法及占星術所影響。如星命術的《紫微斗數》及堪輿術的《撼龍經》等文獻中，其星皆用印度譯名。及至清初《時憲曆》，置潤之法則改用西法「定氣」。清代以後的術數，又作過不少的調整。

術數在古代社會及外國的影響

術數在古代社會中一直扮演着一個非常重要的角色，影響層面不單只是某一階層、某一職業、某一年齡的人，而是上自帝王，下至普通百姓，從出生到死亡，不論是生活上的小事如洗髮、出行等，大事如建房、入伙、出兵等，從個人、家族以至國家，從天文、氣象、地理到人事、軍事，從民俗、學術到宗教，都離不開術數的應用。如古代政府的中欽天監(司天監)，除了負責天文、曆法、輿地之外，亦精通其他如星占、選擇、堪輿等術數，除在皇室人員及朝庭中應用外，也定期頒行日書、修定術數，使民間對於天文、日曆用事吉凶及使用其他術數時，有所依從。

在古代，我國的漢族術數，甚至影響遍及西夏、突厥、吐蕃、阿拉伯、印度、東南亞諸國、朝鮮、日本、越南等地，其中朝鮮、日本、越南等國，一至到了民國時期，仍然沿用着我國的多種術數。

術數研究

術數在我國古代社會雖然影響深遠，「是傳統中國理念中的一門科學，從傳統的陰陽、五行、九宮、八卦、河圖、洛書等觀念作大自然的研究。……傳統中國的天文學、數學、煉丹術等，要到上世紀中葉始受世界學者肯定。可是，術數還未受到應得的注意。術數在傳統中國科技史、思想史，文化史、社會史，甚至軍事史都有一定的影響。……更進一步了解術數，我們將更能了解中國歷史的全貌。」（何丙郁《術數、天文與醫學 中國科技史的新視野》，香港城市大學中國文化中心。）

可是術數至今一直不受正統學界所重視，加上術家藏秘自珍，又揚言天機不可洩漏，「（術數）乃吾國科學與哲學融貫而成一種學說，數千年來傳衍嬗變，或隱或現，全賴一二有心人為之繼續維繫，賴以不絕，其中確有學術上研究之價值，非徒癡人說夢，荒誕不經之謂也。其所以至今不能在科學中成立一種地位者，實有數困。蓋古代士大夫階級目醫卜星相為九流之學，多恥道之；而發明諸大師又故為惝恍迷離之辭，以待後人探索；間有一二賢者有所發明，亦秘莫如深，既恐洩天地之秘，複恐譏為旁門左道，始終不肯公開研究，成立一有系統說明之書籍，貽之後世。故居今日而欲研究此種學術，實一極困難之事。」（民國徐樂吾《子平真詮評註》，方重審序）

現存的術數古籍，除極少數是唐、宋、元的版本外，絕大多數是明、清兩代的版本。其內容也主要是明、清兩代流行的術數，唐宋以前的術數及其書籍，大部份均已失傳，只能從史料記載、出土文獻、敦煌遺書中稍窺一麟半爪。

術數版本

坊間術數古籍版本，大多是晚清書坊之翻刻本及民國書賈之重排本，其中豕亥魚魯，或而任意增刪，往往文意全非，以至不能卒讀。現今不論是術數愛好者，還是民俗、史學、社會、文化、版本等學術研究者，要想得一常見術數書籍的善本、原版，已經非常困難，更遑論稿本、鈔本、孤本。在文獻不足及缺乏善本的情況下，要想對術數的源流、理法、及其影響，作全面深入的研究，幾不可能。

有見及此，本叢刊編校小組經多年努力及多方協助，在中國、韓國、日本等地區搜羅了一九四九年以前漢文為主的術數類善本、珍本、鈔本、孤本、稿本、批校本等千餘種，精選出其中最佳版本，以最新數碼技術清理、修復版面，更正明顯的錯訛，部份善本更以原色精印，務求更勝原本，以饗讀者。不過，限於編校小組的水平，版本選擇及考證、文字修正、提要內容等方面，恐有疏漏及舛誤之處，懇請方家不吝指正。

心一堂術數古籍珍本叢刊編校小組

二零零九年七月

新刻鬼谷先師前定數

大四字金

敬惜字紙

禪山文林閣板

新鐫鬼谷子先生四字金剛定數

晉王詡鬼谷子譜

伏羲聖祖判陰陽　鬼谷先生定災祥　三星排定功名祿　四字推明造化訣

天師行藏皆是準　細言基業吃娘男　榮枯成敗古如在　樓臺吟唱肯斷腸

起例

凡推命者以人生年時天干三字定數定時格局比如甲子年乙丑月丙寅日丁卯時即

甲丁之數是也餘皆倣此

○甲甲　☰　雲卦

天子彼鶴頂破霧出辰喜叔仁牛騎金申石泉戊月中

西子近京頭對月鶴辰候新午亮無鳴申遇兩戊嬰臺

鑑基　性似猶井內究妙　聲如雷鳴振堪基　鬼王　三雁分飛間與逃　好天風月白晝凉

幽附徐鶯家向此　萬里江山列九州　鬼王　鸞鳳遇近孤鴻遊　家棟花開憶異鄉

行藏　人月重晦日方寒　射鹿從歸富貴榮　婚姻川谷調琴書聲暖　又嫌風景好無緣

終久備堂金玉盛　遂讓見虎好牛源　婚姻多藏机李東長葉　丹桂堂前有異苗

嗣息 春色正發日遲遲 夜半風狂樂亦稀 前鳴者過辛壬休囚用 只宜安靜聽蟬命
本年有一枝紅杏在 後園桃李在芳芽氣 江邊誰問方為變 流水落花後用心

遠震雷霆概

長空遠震留足嘯 迴野風生禦劍鋒 雲散月春旁芳草綠 風飄梅雨落花枝
身行異地南北比 家住東西東復西 借問百年誰結果 一條好叔引孩兒
衣食陸新換 親情必禮金 勞友人助力 有緣不相侵

此命為人聰明正志孫高多學少成博聞强訓初限中年自嫌孤獨四旬之後却喜得遇
貴人有貴人酒食無貴人財帛殺神重逢神重大事化小小事化無作事謹慎相識易疎
受祖成業清虛只因立性不定進退退進越趄不職不吝不依不離意氣豪逸心性難淘
于人不足際處無花見女不得力盡是一場空吁嗟于半俗之命也

○甲乙 ䷟ 恒卦

壬五 傷花乃病龍 緣木 偃波天 丙 寅房 亥 金雕
酉 北降步行兩高 已 求魚 取金覽 桂樹 亥 堆石
孤枕雨 欲重妙 飛絮飄飄 逐退歸 風吹四雁高飛 同肯沙汀一隻雙
鐵基 縱有狂風吹不動 告家難穀穀 遲成昆玉 看來江山有幾甲 踏遍依傳下平征

□□□奎卯□□復發　中年運至聞佳名　婚姻經商細夾□因決　也須□□或不□
□□然功收□榆下　引頸向仲人化域　多蓮池草族翠鴛鴦　□□起鳥飛白鷺鷥
□息天桃花發何紛飾　鳥首方知雨乘成　歸隱妖嬈春命齊松柏　四季君子鳳月間
□不鳳陽龍樓有分　鑾金衣紫上殿京　食□人道賜□魚李密　南柯一夢可驚疑

流水鴛鴦格

一雙鴛鴦兩東西　兩下紛紛各自飛　無怪洞房空出晚　應嘆海棠花來遲
綠蓋兒覆衣袍斷　路到龍門一跳過　衆謝花殘根本在　更深秋月始成淳
壽木松柏齊　天齡不待時　聲□游淺水　平步上雲梯

此命性格恬澹氣賦風狂貼於酒色但氣英豪凡事不能深思遠慮幾番有始無終被人當面相誤因此吃虧重重安樂處夜起不安樂得意處番作不得意凶處不凶美處不美初年煩擾精神中限灰心懶意好事多磨成危濟濟巧中成拙是處成非總使成家立計不免離了妻子有貴人膳食之福無貴人財帛之分只好半空半俗不宜紹受祖業翻來復去幾千般變盡重成應在後此是造化所招也

○甲丙 ☲☳ 豐卦

鑑其 尚逢皇上觀明月
生來不識平生志
行藏 幽首江山千萬里
伏嗟虛辱平生事
嗣忠 后院好花猶未定
遂半傷虎兒多樂幸

(天)囚子 一片雖寅 出沼先林人
獨步人間日上山
紫是也開世一不開
姻閣方中路通通
昧景風流氣象高
燈前花蓋尚翩翩
只暮擊柳果子離

(天)辰 栖梧鳳午 金花(天)申 石上淺水行即
崑玉 棠棣花開風雨催
屏行若不東西走
婚姻休嫌鳳有窮漸盛事
女重栽耕李生松子
歸隱有意辰年罷水滿
身清風明月伴幽獨

戌 (天)歸雖安
兩培翠竹自依依
一個孤鴻又自飛
豈期風景好蔚條
月桂堂前長異苗
無心富上好婦出
猿鶴相依不等閑

馬過山川格

高風千里起波濤　一片衣襟朋氣高　雲漢鳳鳴又翼健　霜寒松柏一般翹
營求多利多成就　花穗春花轉寂寥　若問前程萊迎事　夕陽影裡採仙桃

此命乃藝業巧之星學術清明之宿孤又孤不了俗又俗不了思難而凶不成凶底之處禍不為禍高人欽服小輩姑嫌甚立綱紀倉卒法度自在處人不自在歡喜處發作一場怒兄弟有若無親戚不到頭件件親手做做自造皆造化所致也

○甲丁 ☳☷ 豫卦

(天)遇子 (天)丑 洋沸乃 殘萬 (天)聽 巳 全耿 未 猶 西 空 油 亥 池 留
雨露 鄉 經霜 牡丹 鳴 空 臺 流

鐵基祖計爺爺東復西　綠楊枝上子歸啼　泒鴉妒守宮花日　一庭低垂遠浦此
苐今若問崇伸事　只怨天在時不齊　見王　因首蔓雲千萬里　半江流水一帆風
行藏休味積歲為遲晃　若遇主中樹避幽　婚　因死次萬散奔直消　菸笑鴉花舞落時
意在逍遙塵世外　知龍會從山里由　多女虎大龍泉白映渠　不須離去滿蕪成
同風吹下歲洗花發　高最難兩三　果斷　吉覺逆姓休問道皇將　龍虎興多見鳳鴉
歸來果然風雅依竹下　待成來至何天過　多隱喝喝人家次喜娛　孩家用落子規啼

春暖鶯啼格

祖業成時東又西　綠楊影裡子規啼　山空月冷依寺切　林下風高雀從飛
鴻雁雲逐多斷續　孤夾分有兩分離　個中生意彩屢外　爭奈身猶兩是非
根基兩既成　世事兩相乖　未眼風光好　梅花雪裡春

此星照命為人原情昇性格聰子吊靈機制虔智高識低兮尊卑別貫職貝綠心高志大
因此踪跡不寧奔覓小急緊條不忽忘前失後幾番為首甚饑歷風霜劫得凶中亦吉日
下惡星將出眼福臨財至益無疑

○甲戌　䷽　小過

天猛虎　滿　子　雙兒　寅　昴　井　海霧　天刃　辰　文鎖　依行　午　栽桂　石士天　清　申　十日　梅花　戌　陰八　平坡

子已坂

鑑基入生居樂須為樂
唐遇虎頭入舊殺
紅藏過維傳名妹位高
邊庭佐學將軍福
祠息笑是豈堂唯勝休
有分傳名必有祿

豈務身高志敢低
終愉人遇虎出威
一生忠直在遊逆
若遇守田克甚脩
龍鍔鳳鬭集其名
若問伊孫享福

上王 秋風雨雁離群散
繹土與江風月冷
恰因未調琴瑟不須憂
多如若問鳳凰相促啼
壽隱在正開時爭晚估
歸隱不王年上多惆悵

春日花開鎖金衣
兩重明戶可相依
鏡上良朋風打頭
晚來鵲鷺盡後旋
達宵風雨不離後
休典人間作夢符

漁戶收綸絡

牧失接倫一庸軀
生計必從他處立
雄雄咏休出天旅
連誅應是少年集
將軍案外思朝國
天边孤雁高飛去
遊子心由過浪荇
花枝應前月滿庭

此命傭懶之宿暗嫉之星作丰重く退悔得坐歩・躊躇不能俯仰人不貪鞭繡事衣食
自有早宜攻疫守祖則六親無分離坐則四肢生病只宜過房入贅離祖立合情性暗損
不調世事成敗不一從來喻道骨遭逢爲南巾有救神

○用巳 ☳☷ 豫卦

(天)丑霜月乃遇馬(天)時小鹿別天可卯嬰亥
壽王飛去乃欲鼠權已來鎮未姻光微四亨月多孫生

鑑基生來高志釣靈槎
身在此家兩面立
時依長江蛇忽露
昆五初鳴氣下長江去
遍句滿相住伯錯
梅香淑及白收蒿
昆王愁同獄堂鐵
有壽長榮經京御

命理大四字金前定數

行藏[illegible]安於[illegible]
名[illegible]在人[illegible]
嗣息[illegible]頭[illegible]日看
卵行鷗鷺爭[illegible]侍

屋過江山万里程　婚姻同一雁飛來栖水下　松筠[illegible]声清
龍安鳳[illegible]也卵名　婚姻梧桐枝上栖身穩　鴛鴦[illegible]肯諧[illegible]
双飛室有映霞紅　[illegible]勤嫣回大春色景　天上三前出化學
紅蓼看類求好風　身有九疑雲霞鬢發夢　湘中一声[illegible]去頻

鳳宿梧桐格一

鳳凰啣下[illegible]　膽氣曾在迷浪涛　雁過碧天雖有寒　鳴孱孫水整新毛
名則雨打枝頭損　果姑風吹子不牢　北畔是家南伴立　碧桃春[illegible]遇藝蒙
遇大功名達　逢年志氣高　眼瞎牛馬歲　身在碧雲霄

此命孤變之曜緣瑞之星安静處生出蹊蹺逢尅處却有裁柚巧中成拙是處成非親戚
如陌路人外方却有知音婦公度對树弟兄銅盆對鐵帶惟為兒女獨力擔當
一頭還有好孫因目下勞心宜守己

○山庚☰　歸妹　雲子雲[illegible]寅雨裡天　長積土午[illegible]天　申[illegible]六[illegible]中
[illegible]子思月寅在胸宿　成金午浮水[illegible]　申海歌成[illegible]烏
基　休論友嫁男婚事　長[illegible]山幽出兩山　孤鴻飛向長江去　遇[illegible]伴侶無
扶娛有乎天高分　高飛隱蝴在人间　昆玉　獨坐棣棠花下酌　類[illegible]閣久壺

藏大鵬遇大孫新暑　雖唱逢牛名帶刀　婚姻紙頭蘇家天然定　伐許寺亦等閑
得祿水邊遇貴客　悮接相逢到任歸　好姻有柳花楊舞　看惟儀過重山
兩縣衙開兩堤驕　自然果帶一堅牢　壽意辰辛自處身危險　壬癸巳午真好看
四危若見生羊人共合　爲勘竹正館應高身　隱人在秋紅明方下　一吉魚笛半尚閑

花遇殘春格

女嫁男婚宜娶鰥　心靈性巧志九閑　一行鳴雁雲霄水　百歲功名醉夢間
結子不如花漫慢　偷香拈蝶蝶迴還　若逢千里知音客　子里尚尊破笑顔

此命作事剛柔處心慶喜喜心且早發福來遲要通未遇要達未達立心不一有始無終外觀不足六親無分子宜遲只宜螟蛉作繼不然則庶出偏生目前有件時蹄事百樣思量百樣憂若逢誤做經營名有名無實不成力

○甲辛 ䷡ 大壯

金丑鳳主泰水　卯柿積堂曲玉　巳蜂旁　未炎天金狐假　亥偏藏途金

鐵基金錦出治力成器　不二兮蘭根脈異　崑玉一個征鴻天外去　故候猶自宿若花
鳳閣詔櫻王自同　前途有有人做旺　僕遊曰悔成同志　晚節藥荀又起家
行藏入與鼠隨牛皆發　雖身直到鳳凰池　婚姻國中宅託塵多插　內被南風亦未清
總然不是是家緣　地是劉郎得意同　婚姻鷗鴛兩唐風兩惡　也是鸞鳳不同林

[illegible]殺　若得枝頭一果成[illegible]大有六位　西[illegible]
[illegible]八字水冲[illegible]年大六　也況途喝笑令生身卯方里[illegible]去見〻　一[illegible]
月[illegible]格
王君明處浮浮異　風人長江浪未息　生涯誰問彼中城　會合見防仗艇舊
電光陽滅還明　安得身心未寧　請問夕陽何景色　花黃三徑晚香清
轡馬巴時莫怨巴　得其穩處不須諮　八九年間方起美　滿庭明月好秋光
此命卯多貴頭生鳳蛙譜剖珠作事先惟後易兄弟少靠只宜離祖遷居春居早歲武是過
房入巷云宜守祖根株必茲官直千人不見大寬小急只為心作切退爲[illegible]晚年發達者
論卯此此豈非命乎
○甲壬 三三 解卦卜　(天魁)子 雪天寒(酒)(天姻)辰 星苗午 乘桑(刑)申 來進日
鑾轟 老水行舟去必浮　宇勞心事把門閂 (?) 空出若雁多東去　一個孤鴨獨自飛
牽牛強喝壁途遙　雲路通〻賜雨小　星　明月清風多少夜　聲〻蕭笛切人歸
行藏 酉內云非風裡燒　平生到處心未足　姻因一對鴛央水上遊　鴛鴦因何休
采綺殘處好歸新　野說稱妍鳥出谷　女〻時來鬧紛〻去　飛向[illegible]
前宝孩

司花發同茂丙三枝　双双半葉鎖金王　好騎騎皆入秋山
歸隱龍樓風閣往來人　引領攀依有情福，身隱逍遙路上花絮錦　月照梅花影亦開

若早為春格

春來芳草依然綠　雪裡梅花見枯木　親生兄弟有加無　只為生來命孤獨
雨裡殘花風裡燭　錫錫區區心未足　枝頭花發兩三枝　只許一枝紅綠

事業獨撐持　成中有石皮　龍羊大牛會　黃菊滿東籬

此命乃利名之聯福祿之早自成規矩自初明磨風甲敗棄水上浮萍三遲三早之命常家早勞心早憂早發祿愛妻子遲吉福遲命中有孫神不犯官刑皇畢不成到好處不見好若要事十全直待壽年老

丙申系　小過

（天）丑柳花川春開（天）巳估木、未晚節（天）酉地魚亥作杖
丑依竹身秋弱（地）巳待看未貫花笛酉挽綱亥化龍

茲基于生立事好肯成　爭奈時怪歷万秋　昆玉天邊雁海飛又回　仕謀黃昏月滿庭
斂大濟失樣節湖海各　道時應遂晚年心　興激自知時勢車　[illegible]道多竹自青青
行藏在山空過雄奇遇　水只唯人去尚君　婚姻何山為鳳居山樵　一家雲山遂水窗
千寵高貴野牛須得路　馬牛供息法作名　女女穩多不妨重對[illegible]　半池清水[illegible]余[illegible]

嗣息　花在幹頭分外芳　品異條同堪喜羨
培外科枝分外香　玉堂金馬可承當
香馨字如羨人何處顯　身膺同首故迎千萬里
自比龍蛇鳥台待　瑤池鳳飛翻覺台

白玉闌瑩格

韶光駐再催人老　知君命合高人意
風鳥靠蹤燕落秋　嘆哉常怨小寧仇
雨雲攀翻天不定　倚向生平何處是
風狂花嫩子稀收　游仙宮闕過陽州

此命乃陰陽五行之秀，福厚有順之祥，喜盡寵位之富，氣達剛柔之象，心性巧機謀深多學，少成有頭無尾，般般件件，夢心口燥，傷人常招不足，心慈多成兇惡，男女生多少嗟嗟。硬無傷君莫要閒且待鼠遊虎穴

○乙甲　☰　無卦

論命大星寅　猛虎天辰年頭午　松柏天同黃墟戊森雨
月出林過辰　掛孔午　經霜(獸)申　應律戊松

鎡基　几年在兄望仙家　立志奮太千方星
西首盡同事可嘆己巳王寅寒雁飛三隻云孤鳴一聲天
眾倫戊付香紅藍己巳王秋空愁散空歷古場與從滿鶴人

行藏　遲退便行虎尾兄　向前孩兄多略堂
見羊此月如同頭婚姻金鳥鳴處歸落鳥雲片心
大吹雜鳴閉文效古星光凡鷗立

嗣息　雁行雁雁舞西風　花在三三化結結果
喚起行人歸安寅寅志萬六逢牛人自映君知怪莫疑
晓來一果在空中鳥巾隨亂歷變死保恨踪馬去山神自

嗣息　花開釣台分外芳　借外斜枝分外香　[illegible]　豈比龍蛇[illegible]

昌是後同[illegible]孝學　玉堂金馬可承當　[illegible]向首故鄉千古巢　[illegible]

白玉雕麈格

韶光鮮丹翁人老　風鳥翦跡燕落秋　雨覆雲翻天不定　風狂花嫩子稀收

知君所合高人意　嘆我常怀小寓仇　倚尚生平何處是　游仙只向過陽州

此命乃陰陽五行之秀，福居有順之祥，[illegible]之宮，氣達剛柔之象，心性乃似[illegible]深多

學少成，有頭無尾，般般件件，勞心口燥，舊人所招不足，心慈反成免怨，男女生多少，必產女

硬無傷，若要安閑，且待鼠遊虎穴

○乙甲　☰　無卦

[illegible]　寅　猛虎[illegible]　辰　年頭二　午　松柏[illegible]　申　黃[illegible]　戌　[illegible]雨

鎡基　立志几年在只望仙家　西首[illegible]　[illegible]

行藏　遂狠便行虎尾只　向前後兒多見宝　[illegible]

嗣息　推行悔悔舞西風　花生三化結結果　[illegible]

吳邑頌金得遂意　平生剛節照松齋　碧雲滿晚歸原僻　孫劍遂春音欲吊枝
秋月滿荊秋影淡　淡照幽枝隻形論　音声驚動龍蛇處　雨夜半年別有情
平生性格清而小　春蕊都丹藏梁波
晚景黃金置三斛　梅花月下卷半敵

此命淹延退悔自任安閒之星我要行他要住我要來他要去百般不順百事進退多學
少成作事虎頭蛇尾不求人不依人凶不凶吉不吉

○乙丙 ☰ 家人　天子尚求寅降房六辰馬騎離等天飛出戌春風　站子里月宿卷私陽迎午陰秋羅南敗火秋有

鎡其 日月光艾了並明　登年風八朗夫門　一身求節貴高清　照把經堂錦禁門　星　雁勢高飛尚遠去　好向海棠花下影　備燭同何伴明無　遇時長快望京都

行藏 者日是三顆三高　效天摸地辰次日　百草逢春貝必終金　一對相香時上天　婚姻　一對鳳央交龍處　多金珠宝王紫宗祖　八多陽合八子言　晉得高名在當都

嗣息 者至偷堂而李保　要解衣裝規規立　何須前後向吉黃昏　凡詩手填聲御象歸　嘆蛇龍木化出牆上　時問他酒西縮日月　虎跳下山下層　山後安可樹依

日月同明格

文星日月兩重明　事業迂迴不見成　時計風頭多晦滯　一生虛虎有光榮
初年有何要子隱　未明花從從上出　借問歲延成几果　一旦風送五更鍾

此命屬出雞巢龍生蛇腹性緊多謀心懷不足作事進退躊躇自在安生安享
睁中逆出是非盡心竭力做事無成如花開逢夜雨月皎值行雲劫會暗錢不知省
用強雖設破退陪如草堂下掛珠簾圓好看不目屡暈

○乙丁 ䷓ 觀卦

鐵基 有家牛羊々月剝 貞事凡多須禎昔
行藏 得騎騎馬外逢虎 鴨飛香燒雲佐遠
嗣息 亦花枝上無佳果 留外一叢修竹笆

魚遊清淺格

明兆枕我々非親
風高鷹鴻鷺鶴雁
恨基牢把捉

天丑 家備仍蠹草天巳春繭未盡火天酉保皆亥鼎入
賢丑 下鈎月是春破巳秋菊未盡府燭照酉維熟斷亥君應宗
家求若家有故人 昆玉膝行飛兩別離頭 字々同牌不共秋
利名分自得躲身 紅參日偏來兩岸 一声消留又要是
局月亭被故々求 婚姻家長短皆前定 月鈌花茂所子風
衣出光金近上合 婚姻陽啥烏暮宿桃立處 曉來江士自佰明
帆樹桃蹈田長弃 歸隱借向花底舊第月 乘鳥驚雀十旦々玉
傍天高雞肉德風涛身 隱南阿一夢空回首 三筵黃芳且京々古

家外成家高欲人 异寂畫皆前分定 紺修須是㐅時新
水以地央接親勝 借問花開結子百 禁々冬氣桃稍春
水旅見直情 得逢水邊安 四時松竹青

此命乃虛名之星不顯之宿獨權日在庚辰福神祿財雖宗親戚無情知必者我智者
多難得天祿作去險處子陰陽處不比用心多歷事早身閑心來閑財多福使得清淨是
家風方可到年老

○乙戊 ☴☶ 漸卦

鐵基 松青柳綠雀鳴巢 何垂尚泡鹿上尼
丁藏 庫立河邊循渴犬 堅金美玉柔歸景
嗣息 九朵花開遂交兩 龍門有客傳消息

天子 秋 東蛛 出木　寅 走馬 花街　辰 大元 貴 壁　午 佔蓮 秋壽　申 沙地 武校　戌 斯栗 浮名

飛折玉言某透碧酒 昆玉 三旌在中陰遷過 要爭先後不和同
蓋傢皮葉天相祀 夫群賢友江山外 吳越平分一般風
此時乎地上雲南氏 姻 鷗鷺息遲漏紹兩 月明如侶意始何
自有宿入爭所驗女 桐絕于星人情知 閑陽深沈與更多
秋深莊得果難佳 歸 加過虎龍相爭自 綠成心事遇知音
無字視風間星落 隱 舟向前輔飛執急 殊失之時不易尋

雀 林 松林杵

生身出處在南鮮 飛何青松在樹梢 學問不求終是志 算藝三連磨不為拙
雲迷難障飛催續 兩打兜夫西亦在 胃胸親情誰共作 根字書存中孫
栽花種果待時取 待至斜陽月上臺 世事莫嫌遲破 田園花木喜重開

此命比仙女耕田玉斧磨水安閑坐出来女昌享福無憂得優游雖是無慷慨見識
高明承繞巴〻三四處規模從〻辱〻立二兩番家計般　力件〻有心留有之〻不
得力有福無禍圖性直無私每何惡中招怨

○乙巳　☰☰☷☷　觀卦　(天胜)丑 思禪 来嗟 卯 風前 點燃 (天陰)巳 果船 庚每 未 月屋 寒堂 (天)酉 屋號 生揮 未 每尾 行再

鎡基　重重疊九天高　鵬化鵬飛千萬里　風催長江把勿心情　晃玉　庭遊同山去路迷　依飛別痛有相知
行藏　平生際會經過　毛千功化向地好　前程易問自英豪　雖然英雄知有少　飛到協偈是不明
嗣息　一果芟頭一果結　明功久積乃盛　馬馳記地去氣高　婚姻　九侶池中交神龍　既防風雨蟏蛸蔦
不敢年久也堅牢　女容開千里月垂明　廉外掛在照服門
馬君貞說一枝牢　尋身昔見歸牛馬　步〻路〻更過
官顯身滿勢　御高　歸隱　依鞭往未相和舞　一聲鶯徹雲霄

籬外海棠格

重重柳望碧天高　風捲長江起浪清　借問平生名利遂　奈何中間是非招
滿池衣雨花飛落　並也寒風雁嘯高　待得一傷回復卦　不壓千?也望求
洪葉辜負天　弟〻出自然　雁分飛別痛　?德?孝??
親祖原無分　他人却合緣　利名重創立　碧?情??

此命營門關路遍并及身用盡切失光芳會施為龍擺布輕重別貴賤雖則貴當微賤
亦術寬躍騰雜蛾蛉會是不如曲蟮身如不繫肝命如初星月真恨舒為多進退只因時
節未相逢

乙庚 ☰ 中孚

天子婚寅 杜鵑天辰 啼似午 開 申 鳥戌 春月

鑾典 五般金門則不稚 誰知情好追遊外

為身幾是兩重山 雁投長城三秋夜 孤鴻獨自守寒堦

一藏 誰識嫁財多自有 多剔多少開時施

再分離門當不開 晏星 誰知到是紅鴛飛 時有梅花情景奇

扇息 司風擺花枝都謝了 東風吹李紛紛處

功名地是晚來成 婚姻一般花央同欲盡 劍白方黃呼參紅

同自正山方里程久久戰來江上多成雙 楊怨怨兩其風

晚來一果桐枝頭 喜鵲身榮宮見作帝馬 一一號紅相正好鑼

車馬盈門散五侯 身閒人生 不要須知覺 莫言有路爭學爐

迴避金門路

一心欲煖兩重山 爭奈身心未許閑 事若孤舟猶無定 財如明月陰雲開

殷勤作事難成夢 迴避絕處都不稚 待得入不喝取轉 金門待詔入朝班

卓有剛柔性 相謀出眾人 法須要進退 寫寫好運碑

此命金王光彩之星福祿禎祥之宿賞□□□□假小也唱大采勤燒香懺悔念佛有救
人之無傷之意安使大發曾吃大虧逃避處尋得一路省力處都受艱苦費力作件
好心小量無情人見生嗔

○乙年 ䷈ 小畜

錢基 明珠海底迎寒九 屬天優蛇推協志
亻藏 田中苦稼雖然在 填內事出吉凶計
謝息 劣心事業照覺夢 寅前几計來衣者

海底明珠格

月珠海底隱其光 鋸其蹤爲身準
七好八發爲多机

丙丑 狼猶只脫節 丙巳 璣屋三天敗崩 丙酉 石土一分雪中
虎食少黃花骨 重峰未秋殘 燃燈一夕梅從
用見功名別有方 晏至一鞭西關山 心遠奔 務飛湖海寒江潤
兩重名路漸榮昌 小舟收龍人無多 但宿蘆花烟漢間
只因身業白義高 婚姻時鳳鳴將嘯主 秋風露迎瑜浪
處名原來白泊泊 身方西朝從作 鳳雨 宜時晚來閑自青
聽行分付一雙雙 需急人生孫燦凡 秋風 到処身心不白如
月催身抱雄子香 身只不好自息柳寄傲 丟聲雖明不被迷

用意芳心反見傷 怔懈隨風貌影真 雙比咸水見倚伏
歌貪新時宜火康 借問有征何西樂 故頭解桑結成雙
四口雖屬難饒吉 行得又礼重初鎰 □桃花下出□□

此命為人存謫慶有机謀胸襟灑落風學高明坐取歷雅曾經霜雪遇貴扶知不遇有親

刦從無親賴僧中多頭小尾進退反復有始無終夫妻大宮因親結親子息只宜失一得一

生逕玉學讀書結計只宜靠新兄弟雖和父母有損只因直不備異常被小人生疾祏

丁乙壬　☰　燥卦

蟠龍寫雲不兩安頭晴
簸慕山下有人隨一舞
行藏同頭消息早先知
乙行月出東口紅月落
問君方倍伏頭與一果
馴思分憑明知生萬心

天子一登鑄大船天長禪草竹結水成用林鶯成鳴巢
走馬鎮通海得長生竹枝陶船月彈琴成初影
明重今雲歸路江山鳥啼月招寒綠水消遲
江山鳳凰可相依田王雙鴉飛入遠山來關口雪積淚悲声
緣見此下事同時孫田林六飛入碧雲期月中倚入定明
貴人豊足三時她去中路貴人芳雲亲綠被深處定斷孟
宮期一鼎水中作爐一年半老巳消月歸事傷悲
然大且舞入夢求身隱風凱尚財滿久去卦天交真聞嘲子媿

雁遊長州格

字雲不兩安雷震　門前七輝隨劍時　江湖雁飛名高實　歲寒松柏獨名揚
三綱有仿商兩比　九族無嫌人是非　藕樹花開兩一果　登能騎馬上天梯

此命神機權衡之宿人若逢之有開泰亂世之功譽著成身之福閣在兩仍之名同門姓

前定數

須氣高心慈只壽開眉舒體貌現成然不定只因一点術術時人以致凡術由作直若

時頭目 然衣食豐足

三宮 ☴ 漸卦

終身事也多勞碌
成敗只因前是非
藏英雄志豈許先手
行甲闌山取貴尺

詞曰 備然花發正時和
一朝小花不是葉

松栢同榮格

天丑 紫微 寶天天 巳 娼宮 天 此格 天西 刻丑 宇

吉丑 迁木 卯 驛光 王 鬼 天 金 西 不劉 多游

偶齊剛柔若松竹 曝玉鳴雁過 聯雙奈何 如同霜植見陽和
蒂華到此多勞行 雖然各自分南北 紅葉參白鶴數更多
三箭天山功業就 若親朋房權又事 只是初時漸和睦
巳多撥種 難知巳自在終年 凡度憂心添不已
欲牛風在折 依何去她須防中西上 丙丁時節起闌非
迎程須是果無多 鼻只恐鉢鬱幽闘 隨分歲月上劉肌

平生為祖更鄰遷 耐只松操比竹 一行中道早分離 晚侶初年憂閏續
月到中天雲漸開 將將花影上樓臺 只因九畔東風起 吹落祖仙雀鴛來

此命常招毆氣是非心慈口直事不藏執不容人觸不吃人斷財多為是非事迂迴錢財東來

西方妻子宜遲見男後才多学處處生有子方有計

○丙申 ䷔ 噬嗑 （六恩）子（游魚昌網）寅（飛蛩入天入永秋）辰（落花遇水）午（水泳到魚樂相）申（秋蟬陽林）戌（春草入暖生）

錦基 大然法就好閑之福 鳳閣龍樓人事好 得祿純名東復西

行藏 時身誤發何時立 得祿如燭言價潤 休修兩帶日麥麥 立向要在自有勝

嗣息 廷時春去兼一果 兩年朱紫滿門戶 高人清白自提攜 清明修竹長龍歸 當旺天香謝聖恩

昆玉 風呂三般遇飛去 修須根作富名遠 好宜發學高飛 棠祿芬芳不日騰

婚姻 方妙犯向歲水 夢草堂鶯鷸鷸立 宮明集學分官 日慕走補正好娛

隱 時值遇定姻合處 東牛高馬上青天

身只知音正好同說用 別調風吹閒約船

蓋水雙蓮格

赤眼嗟前定見性 悲離斷去成參散 蓮花出水不怕泥 妃央女嗚見分離 也更世事如濤浪 君還欲問平生事 男身心有來遲 好向雲間借尸解

此命風雲際會之君臣和合之衛所謂邪依會增不作事不昔縮頭躲會擺布平生事業如同燕子營巢一世親情好似小兒藏迴身心不足兩兄常怕易榮枯之若復偈妻管子破祖成家之命也

○丙乙 ䷱ 鼎卦 （名利名貴）丑（春盡）卯（豊母聞要）巳（公天破群）未（兩稈琼花）酉（陰陀落）

前定數

鑑運且皇都春正麗 苛身須到鳳凰池 昆王 塞边四雁各飛却 、三々各自飛
鑑叅收既不是金娥容 也得天边好鷍戲 惟有孤鴻千方里 攸々伊然不食在魚孤
名燕花間皎窩花開星 不知籤弓一寸机 婚姻緣分如知三鳥雁 罰泪々岩前
不麻到底必裝天依馬 根基机李兩相宜 媾死決不若陽和鳴 燕語鳥滑時也鳴
閑盤水一枝花出朵 其間一果在中存 秀隱逢大堤防汎秋後 最絕那何水中而
鼠卑暗卑地找新竹 石畔出顏長冐香 鼻隱多省謹宜當个努 莫上江之窮一枝
鵲宿深林格
先發累林不及時 塵埃掃落上雲梯 雁橫秋水渴閑塞 雀宿深林擇穩枝
記得東西秘造化 何愁事不九娟 生涯暗明向方所 風送花香照神衣
此俗玉潤金輝人皆仰慕可為鐘鼎之器棟梁之材只嫌退細量故好事迍迴者復處姤
而無功年華虛微事不寔吁嗟乎好事從來不十全彩雲易散琉璃脆本是軒昂頭角奈
何時遇未通行得龍吟忽然豹變

○丙丙 ☲ 離卦

(孫)蝴子蛤歲寅酒閑(天)長宝船年動拜天月利月戌雪纏
色猶可月當人海年嬌嫩寬單笑蓉分恭
鑑基越蕩猴難吉價別 童榮天祿謝皇恩 寵年分飛異寒凄 御苑居治伴偶縫
金知音身存天山外 嘆騎翔々待壬宸 昆王 孤鴻自嘆

行藏須弓伏人非君事　目近清光動直青　婚姻莫說分分水趣心　如天戒說月論良
行藏若問途倭前路澗　西時歷節何重亮　姻緣未至奈成明處　竹內梅花分外鮮
關鬼　而花西果晚來成　朱紫宮前常彩出　歸院遇虎球肝草可疑　此時心地是之心
世柱森森剪三盛　如逢牛兒更靜濤　歸院如龍識路知機早　高掛風帆趣對飛

虎困松林格

一生多好似棲遲場　待得楊成柳不成　雁過碧雲香浮　菊開黃露晚馨香
山寨虎困終見醒　地冷花開子見傷　一日飄然飛去　看他衣錦可退翔

此命乃官緣之宿功名之星白合身榮位顯恭何限悔遲遲會施為傾俯仰千人不足好
事多磨恩人反作仇冤觀戚如同不識三不足三不辨利名不足家緣不足兄女不足等
閑莫怨勞心早上山須有下山時

○丙丁　☰　晉卦　天干雪寸卯順退云巳流人未許善云酉場御亥六中
　　四王府影卯行肝巳开晓未行舟去酉著香亥取歉

錄慕祖計生一兩事苦辛　誰知特勞久重氣　崇樓界芳下遇時　聞行三三　名冷飛
　要知別路謀絲始　莫信蹤徑說此身　昆三　一身力里遊遊遍　方法　得之依
行藏平生再見事頭柴　肾笑道道几去百　婚姻　姻緣好笑妃火侶　兩以有似無
行藏若遇知音吹一曲　驚天撲地振家声　如且安命分隨机會　當福不孤

詞曰　風緩花枝三四朵　嚴霜一朵耐秋深　急正好騎牛并走馬　…吹一場空
又　苦萬事皆在嗜頭外　晚水落花何處尋　莫恨浪子風過知舟穩　官…休伊處通

燕爭鸞巢格

平生注定馬頭來　事業區區不易成　西件是家東畔立　南回種柳此園央
寉隨鸞伴三春早　燕奪鳥巢兩處成　借問此身何處定　碧雲流水月當庭

此命近貴有沾濡雨露之恩外遇會際風雲之象爭奈五行駮雜變成寄人家風中眼迁
趣時就事業要濁閒不得清閑圖名利反失名利還了許多業債受了多少風霜有話不
藏輒有事不忍倘巧中成拙是処成非平生財帛成似風雲去如須水好似牟桑桃花秀
而不實外視有餘內常不足生涯成敗虛名緣好似楊花比木瓜

〇丙戌　三三　旅卦
六子關　寅雪天　辰渭馬　午炎天　甲大著　戊甹花
德子有附　寅里月　辰改泉　午種栗　甲得霜　戊晚節　孤鴻独自
曩志凌雲奈咸寒　昆玉雲極重比雁影度　塞外風高
鎡基今來結節如松竹　有年高处相中昌　冬至前後長青青竹　元多春絕
鎡基久後黃金滿屋
丁歲向具目止戚中疲　反至中年破復於昏兩是竹書燈夜鳳立
行藏有祿有財还晚景　無憂無慮榮昇千如歲子花芳早盈庭端

嗣息似頭一果天莪絕　兩段鳳回一果宜嗣息道路馬前君不信　爲逢尾七歸

論息惟是孤高木不得　逢年過大豈人児見嗟此時恐在山边倒　定有陰苗傍不

雁逐鳶飛格

東山出凿出雲端　孤雁高飛逐鳳鸞　真如寅金壁土混　終逢青眼貴人看

平生志氣如松柏　亭前孤尚茲嵗寒　借問花開何處是　一枝春色滿闌干

此命一團和氣滿面春風逢人有兄弟之情作事有風雲之志量長寬識量知輕重斟

酌嘗調停陰陽惟中能區解辛勤勞奮營經急忌慈悲無狠毒茅屋下夢設琴棋詩酒

衣土要整束金三座塚一生只好安排好争奪多晦滯只要堅心牢守命右然春至有花香

○丙巳　☰☰　當卦

（天始）丑　樞藏　卯　搞信（天）　巳　監山　未　從虎（天）　酉　狀蟬　亥　弄辰

遂金　卯　得雨（合）　巳　種玉　未　從出（空）　酉　陽利　亥　規天

鑠基紛紛祖計分南北　終知勢任逍遙

擊珊用目東後西　見玉　江边三雁分南浦　一隻孤飛煙雨中

行藏南院天亮尚未開　争存名利亦流　昆玉回有夕陽多小怏　夜深魚骨總酒屋

行藏雖然性淺稿久　寸風先放一枝梅　嬌紙因紅貴明日旗喜　焦有連真

嗣息花開一朵紅　綵見陽和入不來　嬌女如清風明月良宵　好開花穴宿

嗣息包期竹長龍孫茂　將見兩……寄……　歸隱正是刑即方得出　熟偏正好音　助人吠向花陰

孤雁失群格

凌霄難升有尺揚　登高力倦有誰知　消磨谷友三春夢　反惹佚人九局棋
哀鳴天边空失侶　惜春株外罷生枝　生涯若見重成立　酒捧金樽泛紫芝

此命半虛半實或濁或清俗不俗非僧非道孤不孤望東神西愛打敲鼓折倉看身不惶惶
沉埋志氣孤負聰明身心不定多破多成若不破祖離宗也須遷移門戶朝生天台南岳
暮長五嶽比兄若得不陰不陽脫疾可御無凶無晦前程歷得風霜多少機基得現成

○丙庚 三三 癸卜 時主

天子弟往似梧蓮（天） 辰 秋換午待風甲風裡 戌 屑水
始一有犯傳得霜（皆） 傷拙 時鳴眺月朗花 泉月

綏基吉凡巫酒道九爵 凡丙殺生其路
紛紛祖計更乖離 須知三權同飛工 二隻困夜在繩綿
嘉地逢戰斷立基 晁呈 叢言不須其進人 回思四海遇風浪
見角逢覺補題柴 婚因鑲酒欲蓮花絕疏 白頭活計報君知

行藏幼年生計未分成 貧有一局人輔助力
兩重門戶自北方 女嬰女要間平旦月光俵 伸見兒內得
嗣心溶边三朵桃花發 一朵若視識不守去 嬰心眼迺君逢辰戰歲 癸丁本常
只待秋風生桂子 青雲藏翻滿江泉 鼻見重 瞻鎮上 不供宮

大際孤鴻格

百尺竿頭進步時　生心側非已潤跤　雁飛秋水行〻斷　花發春林月〻也
成立多遲有叫祠　奔弛西至白雲山　功名兩字終消在　只恐心間世未除

此命心性不當易學多喜皆力處反作蹭蹬現成處多作事勤巳下無憂心不自仙雖出

一個好鑾基受過許多磨難處多破出成招是招非妻非生鉄純鋼定見前妨後寡頭更〻

未保末子可承擺布有精神般〻親手做先難後易心不在忙

〇丙午　☲☰　大有　（天）丑明月卯柏木（天）巳鳳用未秋天（天）酉帶咎亥游魚
遊海作遂秋柏　點燃孤雁（古）　入海入淵

鑾基　青松石上後雲漢　遊口被首總花安　昆玉　天涯雁鴻秋水遠　紛〻颺〻去前難
方由江山多少眼　江水卿錶嗔退雁　匹飛地向幡袖去　結參有當綠後返

行藏　家在南京只望山　終頻得陰到兵安　婚配見偶當時月之守　君逢白首神明遇
兩平宗祿多邪臣　結咲參輸松竹問　女盛開千里同明月　鷗鷺紛〻滿耦池

嗣息　長上二三黃自願　頻招一果在林前　富貴若見大牛行水中　蝴蝶海底貴人功
只前杜子晉犹遠　此是往生結善緣　只嘻仙儉高嗙牛羊過　人向五湖湯倒風

鶴立青松格

青松偃蹇耐春秋　白雀飛來立桐頭　性則雪霜打柱時　氣清古不同何
六親情愛浮寒散　一世資財減半覷　子付後國梁枯到　骨肉眼前伴喜廖斷

此命有機謀手段有錢營用有事會為因命犯退神凶饒你千般思算巧極得千錢并
幾回年夜辛勤只落得手忙腳亂若要千金重重改換只因八字堅牢總有凶災藏年老
年勝似少年後段強如前段若逢水未成身方是惺惺好漢
（丙壬 ䷿ 未濟
錢莫鋭、相宮六鼻損 奇得玉樹明月在
行藏人自玩林丹孔貫 兩重思遇光六浮
嗣息風露花春人如 須兒明苗根培方
嵩伯寒松格
不系無拘束 寒松也修竹 生涯重整頓 親情多幼續
果強二條歧 鳳凰別調門 倆看哥來花 花朋葉再緣
六）闖子牛眠草析寅種樹（六）成林（猴辰春當出谷午推墻（六）夜雨甲蛺蝶見花成（飛龍在天
分得龍若皆一錢昆王由雁双〻零一隻 各分一個何南出
不妨再舉劍魚船晚來江土取雨細 靜所晉鐘過王關
分開牛角土天棟婚姻長大夜永月方出 日暮山寺有怨遠
種善施芳德念要力力進頭一声清夢楚 兼葭風雨不成城
独呀一果箭核頭肅隱老來正在寒齊日 若角角申子午依
終見一水息待兒戒身卜稼管史來林擺丁 清月明片自優游
此命火性難觸熱心已過事莫叁番嘗成不成名利蹉跎可做不做幾番謹成端無向

成中見破已得見成麥更已過有許子方退神一個作事如急風行船求財似飲鴉搖磨

也又忍寒也不耐饑長遇赤膊貴人星只落得牛面巽中和看見別處成須防惧羊破曉

豈當從容風霜先見過

◎丙癸 ☲☶ 旅卦

鎡基 欲糧高山方不如 逢牛遇犬終成變

行藏 心善利出身必安 于闇風昨迎須立

嗣息 音水一般花謝于 五明四海多兄弟

雁傍雲香棲

祭處井因胡 骨肉思中怨

成時不能親 知央背後心

堅山逢武王 紫水親一樣

烟地得黃金 千里遇知音

天丑春提引寒輔天巳[illegible]天酉

輔陽陌步不到破[illegible]

似探進樹後大新見[illegible]

水口思人傾聽宗見[illegible]

氣海鳥鮮鉤的[illegible]

他能衣的也不嫌[illegible]

缺面一果半青菓鯖隱[illegible]

因得知音上于堂梟隱一箭[illegible]

西高樓苦痲

坐月攻得明

水掾惟存一隻獅

牛恨鼠送過乎其

四望皆除得我家

只留明月征幾處

騎龍見馬王鬱鷲

凡許很進路不子

紫經風洗浪逐水安山樹長光骨格清奇會受用能施會負因於心直會無差處

成井耗散資財官刑退伏寅蛇蚣纏見子孫續乃成親弟兄如陌路胞兄尼知音者要十分

足龍蛇混雜真

○丁卯 ䷗ 復卦

䕫其 荒稀柳絮逢東岸
可笑風前不勝聖

行藏 篇山流水傺瑶琴
便何方前經一箭

嗣息 縣啼督嗔之蔔咩
辛有一歲剩比晚

結木逢春娟

春來萬物長新枝
尚花雁過了遠

此命凶不凶美不美始辰終荣後通先不利祖別親移南就北攀高枝擲其身浮浪

枯木生牙也發輝 虎哭岩前威勢重 马行驛路稱万宜
斷絃續弦處處嗟 雁杳淄回人去後 小舟撐錫繇明捉

（天）（敗）子 呼夫大旱 （天）辰 天旺 午 道水 天 申 敗維 戌 能入
竹影貞羅霜鷹 然灯鰐舟 伯金 蛇窠

夜月一川人共清 昆玉 三雁分飛異鄉去 一声孫歷霜若花
顯鳴結尿梅重生 于山万水不辭遠 扁到天涯始見家
一曲龍吟間堅保 婚姻 桃花柳絮各飛揚 燕語鶯信轉憂
嫁夫??世尿知音 妻 雲散風停重見月 客窓夢魂使繞香
竿釣維風更清 子息 大山吼虎似驚人 誰信當年各道升
西同其李恨芳聲 壽限 呼傚五湖明夜月 一天星斗換立辰

經霜積磨恐復去雨驟風狂端達處發作盜邪安靜處故出羅喧身閑心未穩憂隱却常忙

只因驛馬谷天空一世清閑〻未了

○丁乙 ☷ 升卦 酉丑貴宮 陣丑提兕 卯 月招 天發 （天）（奄） 巳 保寸 逢金 未 沿鱗 出網 （天） 酉 月怕 兼遲 亥 君頭 走馬

饑寒百年餘〻為浮生 未常心緒得安寧 征雁任風添恨遠 淒涼一隻出沙漪

逢遁網遇大經亨泰 整理征衣們去程 晃丑 天邊兩隻〻飛下 兵鼓高低相對鳴

行藏有心方用失功業 雖尽辛勤不見功 婚因 嘆猶兕央行水面 三人踏大日高未

多愁及是守年四〻敲癸 金鼓錚虎出帳 腈如 晚來鴛鴦帶處 齊外雪花梅正潤

歸信燦花散上 花秀 春風哉抬一果奇 歸嘿 亂離上呈井烏棲 見大驚人定不知

扁信可以〻不榆富春景 莊前丹詰自芳荓 身嘿 此是仙翁成道日 東桐消息問終推

一 月逢空宮格

暖地騰雲士碧皆 思雲吹散見皇橋 功名兩字初年破 食祿子孫晚歲招

踏破斷行為信自 家鄉回首去程遠 判頭如間誰為主 風定丘帆到早潮

此命臨臨點機鎖守威權之心氣宇軒昂机謀廣大作事持強好勝助力勞心人說綽〻

有餘但恨區〻不足高人見面小節不嫌曾為忙〻褪偷閑亦何靜中思動無人替力獨自

表持

前定數

〇丁丙 ䷣ 明夷

鎡基 輩在甲中未待牛 逢蚌遇大成功業
行藏 天大風臨行不用圖 龍禄要見知音客
奇遇 一朵花開要朵紅 月移花影透窗外

天子 貴理 寅 更發 天辰 象天午 垂向之日
精子 東怯寅 望月光 長 尋傳午 盆若登
家鄉大際接東城 昆 雲中二雁遇成半
高攀風帆駕使舟 昆 惟有寒官如恨遠
貴人言并得天書 婚姻 月下偷花香可共
積玉堆金晚有餘 婚姻 千里逢國色
可堪一朵隱林中 歸 家見甲騎半處
崔舞背方里風鼻聽 惟有功祈福保

岩頭
差馬
一個重山信不歸
獨拃笙釣上漁磯
日高紅樹影婆娑
花壓闌干獄畫圖
但是長生不可嘗
悠然祿馬免無憂

張弓落前格

肥遯御陽映影 驊鋏化金鋒嫌
家鄉骨肉有如無 貞縣須孤枝未峙
張弓待箭射牛羊 逢人若問安身處
抱鬼尋龍成目 貴客相携上帝都

此命有挑見掃 出言有心作事聰爲從剛不忍事氣入有斷遺肥退祖重險處不危遊
華三花方結子銅盤蝶常問爲發藏 入誣指鞋見蒲并敗員宜換過不守祖根基若
能傍水壽金反爲不處也爲奇

〇丁丁 ䷁ 坤卦

天 丑 卯 巳 未 酉 亥 月下 子

鑑基緊井向地得宝珠　料想相知也不如　星王風高壓掃挑雲洞　雲水迢迢不計程
門九年開成天業　腰金衣紫官須國　十二曉來必努下　苦花深處倘開笑
行藏承恩遇旅須逢馬　向量與雞如路乎　婚姻泥好兩処宮衣魚　啼根啼來莫忘孤
南露風霜無彼此　一天星招江海濇　灸女鳳囲能發好消息　桑榆日暮月啼著
閑息滿樹花開春賺尽　春深二子迭春埼　歸隠莫看寅申兼兔馬　風雲出處可當行
坐泥明雋全終始　竹叶松間一子宜　子晛啼落三更月　一夢南柯笑不成

耕助復寶格

耕鋤承恩成功　因為已失獲星珠　新樹花開留一果　遲他娶物躍成魚
求身平淡身進　欲有多時不自如　事業應須成鬼崔　此必不勤勤辛苦

此命虎皮羊質黃屋獸頭外雖好看內少堅牢命帶退神補益虛名祿位　子孫為人
謟田兄弟無情親情不睦只說短長必無酷毒我番因事多倒只是自向笑中生出哭閒妻
害子破重圓此是禍中生出福福即是王蘊石而山輝珠藏淵而川媚之象也

○丁戊　☰☰　謙卦兼卜　天子高松寅細流天長高樓午杏申潮戌搖井
適子樓鳳入海田吹笛成谷甲井　雁下　湖泉
鑑基千乃福德久流芳　鳳閣龍拱姓字香春屬搖飛天外　　釣場
天時陳晋人遇迅　江淮渡濱有雖光星王句種紅鸞遠　通〻西山水鄉

17

丁藏逢龍遇虎必升騰　步玉登金出眾超羣　因梨花再放

子藏回首憶前日事　几多經歷在江湖　姻堪美西園秀杏占

祠息一花兩果渾閑事　最是攜花月揉紅盡　嘆滿串臨水有憂心　正好絲管上王京

祠息移入番回重國內　天開錦府盡春風　鳥隱雞唱惟由朝帝闕　一声龍笛振天津

桃李開榮格

黃河有水開通濟　自古流來不斷流　鳳呼月要弾陷出　雁飛鶯燕未經秋

雞占孝店雅安陽　雀影移軒舟自中　借問錢還花結實　自開自落一心頭

此命自宗自立費力勞心　六親總是虛花兒郎問婚姻熟心相成　日後見者多

吒尽多少風霜了萬般停懶遲限未通　有許未順無心中遭遇貴人向冷灰裡爆出火

婚姻忽喜生處　受恩深處使成家

丁巳　☷　坤卦　申卜

丑種竹　卯篤魚天　巳春月　未朗月　酉光輝　亥披雲

丑成林　卯俗操　巳抗梅　未梅花　酉春風　亥春月

鎡基　竹松動節勢凌雲　鵲化鵬飛方星煌　雉然二雁同飛舞　一個孤鴻飛過

終須天使天上去　天近徐馬又淨　昆玉海　宮儀宿伸　靜右梅影上牢

丁藏持弓箭隨機發　遇馬登能上九霄　婚姻思喜同房花燭夜　奈何綠滿求堅牢

子藏人在紫微深處立　箠敲韻樂在其中　婚姻直隨見識遲回首　切勿財白

詞曰　嘗卉一枝偏欲發　風多四朵綠兼紅　青急無可憐庚用卜　皆將归去又何妨

斷曰　最是後因生異果　悄來一頃下天宮　身乃慎野水無八渡　擲听伯知歌張長

乘伎渡水格

山中有依油　守乃有辛勤　財若春前去　親如陌上阡

雁行飛別湖　兄代失其群　若尚前程事　悔花雪後春

此命妨尅六親　早離祖遠居　命當孤獨身閒心省　大意嫺志　奔天千里浪中行船

有天爭頭把風坐　早安朗遲　做事盤扭　性躁跣息　家兄弟全無分　外處安逸出有緣

上山須慮，先須看下山時

小子庚三　陳東卦

鐵英　數股榮枯有有時　到頭終身成武力

行藏　快徒崖兩路險難　快持定見功成日

斷曰　花開花謝杯惆悵　五紫三花須嗟嘆

（天訓）子　吳貴　寅　冥羅（天貴）辰　管果　午　破時（天）申　春提　戌　[illegible]

對鏡下鈞（壽）　官果　戲宅（[illegible]）　揚御

昄勤心事有强执　晁土　双双雁叫天山去　行迩[illegible]　拜若花知我心

更有扶風人可依　堪嘆晚年孤鸞　迩枝作是知音

一散着力到西同婚姻　備花深処戲[illegible]　鳴晉身宿木兩不傷

失做江山不手同女如　在山調[illegible]家處　[illegible]風[illegible]

可人一個[illegible]居思[illegible]　宝木棵[illegible]好進[illegible]

往來声[illegible]滿江[illegible]乃[illegible]光[illegible]

西樓獨倚格

西樓獨倚夕陽天　望斷天涯酒角邊　自何且償前佑少　遠攜偎晚聽

長空雁只幾須到　家計二十信有緣　借尚自頭須男道　林　有往入丸魂

亂世風塵成怨功中成拙為人傾心懷利破實忠貞義親情不兄弟雖和離祖成家

獨樓自云猶如秋夜雲遮月財帛深藏逐風親朋交有如無條重損肩挑仔細

思量謀入寶亦

○丁辛　☰　泰卦　（天盈）丑　詹尉侵歲不天　巳　鬱井　未　坐井天　酉　帳填　亥　月甫

亥南乡行冉（困）　求泉　觀天象　地陷　天是

鐵甚　後天佑佰高名拍者外　有如月出被雲遮　寒應西風飛去急　孤賜獨自嘆長天

外首一曲撒下外　堤塘仙朗遇主世　自頭紅花等花消　滿目江山任醉眼

行藏　自若易牛道取內　定如蛇走枉為推　昏圓風急春寒欲重　獨前寫語未相邦

先人借勞求不佔　鳳凰逐鳥飛出險　開女交秋深鵲為斷盤　晚香兒央戲花為遊

嗣息　終知人在青松下　堤畔花紅開地紆　壽母忌方遇庚申難而已　逢陸此日可南林

　　蒲徑棄愉世桂盛　墻東一果醉東風　身限九年往事已成變　流水落花隨浮子

月映浮雲格

口古人生否則通　浮雲偏使月朦朧　花開半夜風宜靜　雁渡長江影落空
莫向故園栽柳木　可來幽地種青松　知君命在泉下　一樹桃花兩樹紅

此命能當豈會安耕勤易根本辛苦做人家命犯退神當進步時不進步多憂慮好開

擦務勞力早蹈破八双鞋登壹歲徽問端正坐歪邪兄弟成吳越父毋似冤家朝思暮

筭乜件事柴米油鹽醬醋茶要求安樂終須換別生涯

○丁壬　☰☰　歸　（天）（劫）子　垂柳陽蝗　寅　主馬金敞　（天）（富）辰　高叔望月　午　聚（金）（天）出路　申　右七栽培　戌　摘萬山谷

鑾基　天賦乃賦祿足有餘　因人借力多興造　兩重榮貴兩重君　天錫功勳定不磨　昆玉　三雁空中各自飛　音書直遞天邊去　晚　莫問　到榮歸

行藏　罷余半比當榮進　心志不愁深險隘　路馬驕午上九天　不慈終是少寬懲　婚姻　明如央可情多驚恐　女惟有婦來鷗鷺盛　權理　青松　可扶

嗣息　花間只爲多風雨　兩皆陰功終兩善　兩家自桂一果無　栽培不致老松枯　歸隱　遇大人辛苦行足　外边松竹年來藏　鼠仙橋　狼雀飛騰娛九皐

見守頭名格

未積陳倉食有餘　半供鼠耗半供廚　命與孤獨須忍祖

靜裡嘆吁心有事　閑時悶悵似無魚　庭前無樹花

此命執謀膽志性巧心靈爲人雖變豈只是作妻後家又孝

三花方許一文兩習守祖不利更改方宜隨身常帶暗疾二姊兩姊早尅爹娘根基雖穩遭亭時

淹留乖遠守分知機藏器待時一朝待得陽春轉好事相逢喜發揮

○丁癸 ☶ 謙卦 謙下

大丑同 全票惟果卯 巨流丹海大馳巳 樓頭望月未 急叢天下鈎刷酉 抄酉望月亥 米清

青天後月轉分明 昆玉三人吹三雁同飛去 一隻 碧資

鑾基 大海中舟方濟成 達通六功名必招 整理頓蹤方卑程 參步江山清與在 將身引象自資造

行藏 不必擇倚仁士訟子 鳳圖姻緣多分遇 得見牛羊祿自昇 婚姻春日融和水滿池 鴛鴦同戲不波延

嗣息 當刑技二男六嬉 榆根桑樹遇時茂 腹余表妹入揭霞 嬌女紹遂雪燕驚飛散 鴛鴦秋來景知宜 花殘二果惜尚前歸 到頭快樂道遊客 子午細仲休寒比 一炷情香各去天歸 聰吹簫人去蕭樓閑 村景無言空歎歎

雲開見月格

水冷無魚坐釣台　黑雲吹散碧天間　紅塵啤啤隨風去　翠竹青青候月來
袖手排開寒劍匣　一身提出棟梁材　從前錯用工夫處　只把惺惺喚做呆

此命如浮雲出岫野鶴喚風心在四方志存別處雖欲雖卿祖孤根得時若

如鳳凰衝霄三奇改換登雲四五產重喜家計出家宗書花俗未派必雜理有退補相

隨祭備中有退補相破傷妻室子　離搬移遷吉只見用盡精神要行滿湖清閑地

命衍身隋坎坑中

○戊甲三　臨郭

歲基祖計三分夫一分
多基舍宇宅司大边夫
行職自子渴遷问人亡
行職得後日必安西就
詞也風急雨中能子放
全渙明喝葉埌月

子者頭走馬　寅徇此遇海南　辰谷西我花　午墻頭走馬　申門前時雀　戌鳴慈
恨源不寔若惜京輪　巳王伏洋一雁高飛去　風迭遇花約眉清
自有高人有恭輪　若草仁边人独立　德歌渺迸林鶯
遇天逸稱喜襯成婚　姻君今若開松蘿事　却似佛花滿浪杜
為丹鴨來快平生　婚姻休將外夫相皆立　桑榆冠木成家婚
三花一果遇秋有歸隱　退大見笑變喜　逆龍去又却明鶯
種竹低壓喜有人歸　隱虎頭蛇尾鸞莫成　牲逢秋望共姑盟

仙鶴凌雲格

大事完後小事成　深山松栢老方青　居安須待馬蹄健　心乱當從尾後
雁落平沙多渺漠　北央方美忽飛鶯　君还問長前程事　須將此海一子成

此命作事圓通亦多詳審必無謬曲性若風雷一生志遠三門是長

命宮度

件々自勞般々自歷移桃接李幾番居處遭傷殘根多何成中忌破

務

親戚故鄉難靠是命

○戊乙 ☰ 壽

南五松柏卯春白天巳鳴鳳天寒白天酉金監花園
關五丈積卯開花輒巳柄竹天飲水鄉酉稱丷枝真

鑑 先立松閣閉關核
一吉酉震驚天然

行藏 逐美見大發中兔
頓看五斯明月在

歸 逆曳風龍亦見馬
步觀物不多榮茂

鶴立青松格

斷開荊棘起樓台 昆主 秋風雁遇飛三渡 雲嘯嶺尖口嗚音
引箭斜仙出洞來 去越瀟湘風景別 往來隨々愛倚青
騎馬牽牛吉從凶 婚 因帶雨秋花春日暮 姻與珠冠老龍芯
可持錦繡洪波中 女 酒風明月不酒貫 別處梅邊歲月深
一声霹靂起天宮 歸隱 四面絹羅魚得透 忽然平地士雲梯
見吐芬芳美晚風 知昔正好同攜手 月土孤山聞子規

雀立青松樓未成 無言終日暗傷碎 風狂燕落枝難定 恨感孤舟檣不停
雁叫西風多冷落 兩眼兩岸未安寧 不如收拾青絲起 吏又雲中敗姓名

此命凶中反吉矣裡成憂件々犯退神頭々見成破親情無義朋友多緣性乖冷俐自然

又付慈心報國反遭三尺之誅竭力千人只作一場話說吃跌處有人扶起得爲處看見

夾倫專看惟借鼓盆歌見女隄防萬別哭命元少晦但業消磨可戒五年三歲

○戊丙 ☷ 貴卦

旋侍外太充官兩之妙
錢基知音多少西江月
行藏功名必洗金門祿
胡劍旅叙依二名
嗣息春風升李而鼓登
秋衍風月北明呼

(宮)子順風龍尾纏天辰月下長途天申行用戌行上
(午)吹旋寅嘯獸領辰鳥來午夜行空申入雨戌前霄
豫承須信別生涯昆玉自恨一身滿碧宮天女二雁參飛
處號起家昆玉自煎紅豆秋之別時湧用得成宮
遇大運富亨還聊婚姻未廉不放燕飛歸關外為誰登歎
吉名方里遺個宜婚姻缺椎有香桂發與月遇
秋深一果忽應春尾森李兩枝缺橋頭橋望在前程
但何金響自吹歌歸隱若逢急棹西江月兒成色若

鳴雁失群
一千里外水遠雲
外分家主几名富
雀海居高雁失羣 皆從是此幽緣有 手頭名利時材
也日身省言是貧 兩得水邊公子力 莖箇吉得去切台

此命如生花南方左右上松柏成千山間住處幽遠孤高根無堅實雖然祖父業豪分爭奪
生來未得時共親不得力兄弟亦相疏君此穿耳離言是五花殘傷帶破須信瓜甜終帶苦

世間萬物一人全難

[illegible]數

戊丁 ䷖ 剝卦 小

鐵基 月過言多年日易消
形動依稀旁桃會育
織 自然游過字華傳
動靜水然大眠眠
春到一枝花欲放
好信花明棄李映
夜雨瞻桃榛
桃花開時枝破
六親無依須較早
此命氣宇軒昂卓然俊偉，洒落成敗不常，進退不定，懷才求名，區區求心，中本要閑[illegible]

(天)(師) 丑 林鶯別起 卯 栽培 (天)(福) 巳 公天 表 是理 (天)(壽) 酉 [illegible]
誰將舊果接瑞樹
自有人知等待將 昆王 藤蘿 對月可憐孤仙望
成敗榮枯分明求 長因尋 對況 疏青松上
知音請將何城頭 姻 女貴 鴛鴦 女 安然結立
秋深一果墜破頭 帝 遇太平 備身勤貢
紫綸松柄更優游 身 青山綠水閑心
玉 紬 春 屏一雁已高飛
紅梧蒼蒼 兩有依
兩餘何晚 始交騰
備遠蓋鹽 過遠山
逢龍見虎 有易見
明月皓 與自深
俱籍春風積嫩枝
二姓同是莫想近
松影月高猿獨嘯
家在王湖明月內
苔花鳳 羅
紫袤入 士天 行

霜陽時身天閑

戊戊 ䷳ 艮卦 小
鐵基 天私 來有雁空群啄
天馬斜陽天向開
(天)(貴) 子 月下 寅 乘菊 (天)(吭) 辰 乘簾 午 出獵 天 申 大海 戌 開腳
寅風 遲歸 獨動 進虎 紋 兩流 下釣
二隻分飛塞比隱 貞烈之心 盈日漏
一輪明月自光輝 昆王 凡滿成敗 如春 [illegible]

行藏　真假此身成敗早　終須得奈彼還求　婚姻　前世姻緣皆分定　何須論嫁與求良
有如徒立秋江上　指黃抛謀辦去桂　女紋欲強強成姻奈　仙日雲行也斷腸
嗣息　咍恰延前花發處　秋深一果最先紅　歸隱　閑將虎猫龍卯日　切忌風寒雪未消
枝換乘結青黃色　不用成籍典惡風　身入　賴得吉神相護佑　喚四敲要在秋宵

獨債宗門格

斜風細雨含寒々　徒倚來門半掩扉　遠道音書何日到　良人車馬幾時歸
生僚倒得三分足　家屬加花春一枝　但得日前過分限　体將言語共天机
此命酉而子癸乙而不賞難定花發客其不雨外觀姑花摘揀內看手磨尼發紙出金剛
空大澇倚三錢去二兩靈入百萬白損三千核人有恩諫事多退凶交從為吉好事冬成
凶莫嫌受盡辯奔波多少完閒留在後

○戊巳　☷　剝卦

天日月蔵日順水天　春園來　楊草天　雪開　淖月
（破）丑自動卯流舟（然）巳蝴蝶未落花倡酉見月亥秋潭
鑾基　君使点氣聽人談　爭奈平生未遇時　鳴鶴聲化上天梯　狂風發雨可奏花　三雁分飛吳越去
若遇猪羊頭角出　遇鼠猶牛人鳳常　昆玉　乘舟藻梯問灶衙　徒向瀟湘烟雨愁
行藏　喜逢龍馬生方喜　芸持有日動前程　婚姻　玉堂正好高歌舞　六親忌失兩後戚
点換平生功業事　女惟有草堂鬭醫盃　青※單竹自相依

詞曰 春暮花發留一果 豈期一果最希奇 隱 借問百年身後事 若逢大路送前程

斷曰 明功紹勛前程遠 振動家聲一基業 身隱 申中情奮逐爲佰 明月清風語此情

擊破玉環格

玉環擊破令人惜 妙手良工修不得 到來海上採財明 採得珊瑚高三尺

卻也驚嚴月三更 竹枝生雖獨自行 來到白雲山頂上 藥瓢付與呂先生

此命孤中有壯短處求長只宜發奮過房不可靠親守祖產草發禍遐來老先白頭無

事生煩惱十件事難成三般未了第一脚頭債第二罵佛債第三男女債見佛張醮

見怪神鬼頭不安若要後成須見破黃連根生甘草誰信苦從苦上來

○戊庚 ☰ 損卦下

(天收)子 浮雲遮月 寅 背前(天) 滿好(運) 辰 雲頭 午 見(亩天) 枯槁(傷) 申 紙簾 化雨 戌 臘梅 過春

鑑茲 王髻先須用珠居 因人借力朝天衢 真金百煉費二大 引領部仙土大羅 昆三 湘江烟雨波濤滿 惟有自蹟征英盛 三服高飛自去來 秋憐自影絕歷笑

行藏 須知前在行人系 煩有貴人能依護 有日來龍上玉京 兩重恭緒自淨來 婚姻 姻緣四緣復同緣 女女縱遇清風明月下 一對死央兩處飛 幽幽獨酌鼓增紅

詞曰 春暮好花夜夜教 列得秋除 果衣歸 隱 若逢馬兔功須至 此日月同是風錦

斷曰 人仕高棲別消息 城頭更鼓夜悠悠 身隱 回看故國花李盛 人多車馬鬧高樓

命理大四字金前定數

刑剋孤寡格一

孤寡刑剋硬屯兵　力体心欲軛不成　一世退神雲掩月　六親恭房火燒水
骨肉無功勞成村　每何求安反見驚　若要研心隨意也　兄隨雖走月重明

此命如旱苗待雨枯木待春要發好時番做拙于人好處反遭嗔有禍不得福是親不是
親身在異鄉好心在海灘準千般憂慮心中有有業求營却是無財貨只區然角尽精神着是
要美營同刻老直須飲常對銅缸

○戊午　☰　大畜　天五夜晴惜□見月　卯參星天權曜時　巳岩前走馬　未九里天陽天暗　酉浪起前州　亥天明壬堡

鎚蒸　昼訴登隨遇長林　生路行時却見金　見三　風送空中三雁去　兩妹神自過長江
人事來時天理順　修游朋鬼不須昌　見王　漁舟落月〻須頭　臨有奇花映研長
行藏　若服平生未稱情　岂期枯朵始逢春　婚因　手持一鏡不明彼　雖然破鏡耳重还
知音總是秋江土　遇大東龍見婁律　女女明缘水見前分定　何必異〻苦力來
鰥息　春平一枝花放發　偏舟推恨海中得　壽隠　人有五湖左不得　悅來一果送錢生
大达命不殺動苦　根不動勞辦此愁　算叩　龍蛇相遇生前相　好向江边再一掉

數營算格

前數

心高性剛直，口直招人怨；升苗皆槁枯，兒女不倚力；紫燕別營巢，回首遇無心；鴻雁難同立，金門許君人

此命必多寡處產事無成，六親難靠，兄弟㸃方，早年破基，初限發立功名，懶惰只晦，天暗星照臨，暗㳺不明，移南就北，暮落爲新，貝久不得力，親戚多忌怨，只因魯雁風霜早別，看向人作主盛

○戊壬 ䷃ 蒙卦

鸞鳳 黄金美玉非爲生 江湖朋凡英清風
行藏 未旋金勉民大業 江山自有長生路
嗣息 喜開異果綴枝頭 八根作家声分別客

芳草芝蘭格

黄金有絕非爲生 心鏡芝蘭異芳草 家在蒲湖雲水边 ㄐ頭春色知多少
德色無斷晩風清 再發梅花雪月情 却得依趁捌轉少 不妨随口出割城

子 対脚晴 扇夜雨 寅 英嵤 太年 辰 対孤莽 何月 午 淺水困 行用 申 飛董 散火 戌 晚行 方遇竹

不識芝蘭與草香 借絲求名增壽老 昆玉 奇花並蒂後相稀 堅幹飛湘來往久 一雁東來一雁西 楚天卒偶各分飛

星期莫叹犯舊離 得祿復滿近日因 婚姻 秋江相對一明月 力女晚來鴛鴦宿非 中路花殘去栁梁 青行杳萍依舊葉

明名相不待死場 旋前先業向上候 子孫 孫前在馬前綠豸鹿 冈思兹国家卿事 寒江月影一枝孤 嶺上白雲如回闔

此命為人執直立性剛柔有愛人之心無傷人之意大合見事小輩相輕只宜監雜同居不初鱼身守祖人情易变作事必济行好事不得好報一生衣禄不缺不犯官刑只因運晦限遲以致先甜後苦是高穩晚景光華

○戊癸　☶　艮卦

鐵基　浩時名節承家位　推海莖須知再管

行藏　光駒報花上天庭　半馬放行仍得翔

闡冠　東風吹散鍋枝秀　役近芝蘭花穢久

天五秋月卯腕節天巳浪裡未寅卿对酉罡癸月亥似堂

魁五山圓卯菊花田巳行冊未在幼敝酉罡空亥重移

姻同規價早已傳冠三双〻雖娘分兵越皆緣與孩絲卓別

柔倫芳歷過川邊他年向首嘆時很金鼎墜分散楚征月

情堪暮刑豕今名婚姻風開龍陵人更堅縱移明月與清談

雖持欽受鎖西找死央分散東西去水火吳與花弄無

癸〻枝頭蕊〻非壽隱三朝人物開三公見見勝是事不同

笑共速〻祿酒〻貴人記得手掌廿月上追尋度影刻西風

沙裡淘金格

生來未恐莫徒容　沙裡淘金莫莫工　雁過衡陽恰有影　兄飛北渚不得咏

半甘半苦色出歷　多憂多愁也是守　恰是蟠花花耐久　独留一朵作春風

此命有機謀能操持守清廉立綱紀善別賢愚能分皂白堪作梁棟大器可為貴〻

只因天煞星在中宮以致退縮不直百事不成好事易敗自只笑貧不足子屋淚裡行

用因何險處不相妨只為天机星躔誰妻宮力薄見多情踈白斤甄担耐煩桃到底楚着

入不見休嫌躋路只要忍堅

鬼谷子先生四定數卷上終

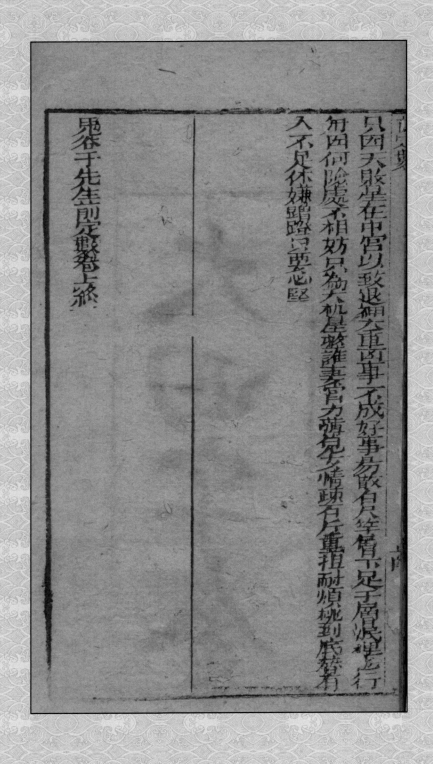

新鐫鬼谷子先生四字經斷定數卷下

○巳甲 ☲ 緣訣　天經子天衡走寅梅茵天過亭閒辰查理枯松午高林天鳴蟬聽申月埋寒雷戌寒魚依草

鑑基　天子地乘能上碧蒼　好語善福來同果　家鄉南北路迢迢　秋風雁過空留影　星炬帰樓一隻飛

指日長安路不遇　昆玉　夜靜和平霜月冷　妻欲狀立在漁磯

行職　好侍心志重開發　善合典天相宜合　祿計千鍾福自然　一鼓謠芸放斷翔　緣須再鼓的方和

興夫錦塗亦前緣　婚姻　滿塘鳴鳥雙然伏　放下譜邑唱楚歌

嗣息　春盡若一枝花影下　天步所徵分秘百　多是無女　牛羅　歸隱　春暖團林花李放　岂期一夜雨和風

意下梅花影正真　身隱　賊然不記南柯夢　夢入華胥遊帝鄉

池長雙逢格

平生未得歡心全　人言子晴休衣老　鳾出深泥長塢甩　我過花開與前堅　死洛深波分散早　行到桃源流水处　雁飛秋浦別來　綠楊影裡住牛眠

此命逆行反焰為人自是不拍作事有始無終不容情少遇果夫妻難合子息宜遲双手

自相扶六親不得方□□人自緣錢財無分與朋友交唯酒陪錢□人□

用功不賞救人無□　□算部是今

□□□□　　卯

○巳乙 ䷭ 升卦 （天雀）丑（辰金）銀卯 高山（亥）巳 夜行待月 未（天）種粟 酉 旱井結魚 亥（鐵印）

鐵基 富貴許知祿位堅 年來月去九秋天 昆玉 孤飛一應三山隔 日

因逢水日人相會 即晚江邊看綠 獨也工之多少與 把扎年

一志與功多財祿 折息必遇一高 婚姻 愁聽呢喃吳燕語 徘徊當有些異愛

行藏 大邊好事重相見 歲久成名在水功 忽晴雨止不長久 人在高堂月夜樓

誰信後因花茂盛 已驚生口空枝 歸隱 逢弟莫向亂山去 遇馬須防水火災

同息 早尋風月待知己 免學秋來未至悲 身 自有福神相護佑 扶持際會福神來

雲散月明格

千方百計巧經營 雲散長空月再明 夜雨打花三遍謝 秋風結子一枝來

雁行斷續飛三隻 死侶離眠憑一勞 簫上弓弦隨東風 將龍路馬上天庭

此命性剛有膽氣 見快有商量 假饒十步九生計 只得身安心未閑 只因心直口快出處

當如虎嘗窮休嫌時未至 隨分獨支吾 蹉破鐵鞋無覓處 時來全不費工夫

○巳丙 ䷣ 明夷 （天）子 雲頭 寅 輕晚（天）辰 昔前 午 笙攤 申 月 戌 水上

（鍍）子 星月 寅 順水（隨）辰 走馬 午 鳴 申 孤 戌 驢馬

千門天福自然封 積德其夜入夢中 一個孤鴻逐晚霞

鐵基 庭下庭衣香裏趣 椿松蘭蕙舞東風 昆玉 刀里江山共 蔭深處映

[illegible]夫真　塵斷流若哭後显　婚因官偏名白九如花　花空寸寛介室家

夕嫁外後不多非頭重　重〻疑〻產皇恩　女如歲共事主開張　明月清風與月縣

討信花同三舉間青黃　一果濟東一果香　君隱龍蟠到處是归期　方里外山息隱知

歸項看晚求枝上果　一枝勝似一枝温　貞隱天班芝蘭香與下　山天宜向各天時

天時萼蕚格

尊利爭名不十全　精神用尽方千〻　告財耗散皆因命　背因蒐伉莫怨天

雁過關山双翅倦　花因寒凍一枝鮮　到頭須得當初友　我亦凌雲上碧天

此命艱危早歷磨難賓經觀蔡參如水兄弟心如鐵魚在水中冷暖自知虎狼囚不傷人

荊棘中曾赤脚吉星救災自消磨安閑中生出煩惱奔波中変出喜懼皆是退神來入命

跎跎蹭蹬未能休

乙巳丁　☳　坤卦

月丑秋花卯晚[illegible]刻　巳扁舟未秋雁天酉中烏亥京月

雁雨卯黃明　八海未　表皇晚酉　孜林亥行舟

鐵蛇變　後飛蓬行里碧霄　奈何羽翼未乞平　崑玉雁孤孚遍滿利　西鳴飛鳴入心

隂功積德知高士　駕在陽楽上九霄　推有孤鳴香滿來　社中須發稜綠粮

行藏用行半夜風波險　有還手驗有力持　婚因楚樹異花景色鮮　燕飛舞士和天

幻蛇行在岸邊子穏処　桑榆月仍有光輝　婚姻狂風驟雨來斬檻　月晴山深開杜鳴

可家

詩曰 枝頭三果实堪看　兩朵開來晚見傷帝悲　雖催鐘月將沉墜　鼠尾牛頭有一驚

若見大羊非後喜　龍飛牛渺独鶴翔身閒　枯木再開花艷色　夢同飢覺夢視情

接樹逢春格

口上尚余空漸消　許将新木接新絲　利名未是雖其有　戊破天因命裡招

水深那央分活活　天边鴻雁失群翔　花開正是春二月　只恐狂風一夜飄

此命机謀有智好巧多虧有權柄會換持無緣招嫡子有分娶妻妾帶三刑七殺身防

肉破皮傷財帛何必在鬥曾積聚在家內施為只因朝暮奉善到處方便終須得意滿懷時

休進未臨期着得失便宜若問六親兄弟分落花流水各東西

○巳戊 ☰ 謙卦 兼小

(天)一放箭射鴻(天)　寡子穿雲肩鳳舞(將)　辰　勝蝶千水上(天)　人花鳴集(福)　甬　鴛鴦　脫網　戊　鴛魚　荷漠

基業 五湖田海家何有　利祿悠然志氣高　立方風去五鳴雞　果然滿堂各自依

貴怪休逆來往走　重開孤竹劍金(夭)　星王　惟有錢痞往十月　排花影下美金藏

行藏 祿壬在然頃掌即權　財多惟應傷年逢婚姻　犯夫方對兩妻　風霧浮萍東復西

知抗莫向後边立　自有高人指幸緣　女成　月落未消犀明　無補愁听子規啼

詩曰 暮春一对花殘後　花發空枝結一兆歸隱　限　愁庚與乙　雲開金運月光運

但得明阻我枯久　自然福至姓名高身閑　思昔日途行處　綠水青山隱显

雁過寒江格

活計須求駿駿哉　經營未更有經營　故园春似休何着　工苑存光可惟祿
雁影過立參失隅　先花伯兩亦傷神　平生進退多惆悵　羊馬相連丹利名

此命初年駿雜早歲辛勤勞憊費力用盡精神骨肉如水炭財帛似風雲自計千方成事收來並不見設勤遠方朋友相尊重近處親知却不親只合離鄉別井去得安身處豈安身

◯已巳 ☰ 坤卦

(天)丑石土卯雨過天巳宇則未春木(天)酉冬寒亥乾巾
(恐)丑幾由卯催栗(悔)巳藏陋未宿鳥(棠)酉悠悠亥悔花

鑿兵　刑棘林中長巨林　天之七戴安消息
新開基地起懷舊琵王　四雁斜飛果哉去
急掉月明江之東　知音多近清光色

行藏　探心有不共假香　五九夜深江月下
到被芳梅笑晚　沙渚泥央漸合歡
笑談風月向蕭女　月邊風前香堆散

嗣息　荷花朵朵發兩枝　西嘆蛟來江上谷
一唱要深風雨　歸隱何由心自不清閑
夜開笛館傍溪　吳貞古墨江山長賢良

一古住果向天邊　靜掉漁舟白江邊
白蘋紅蓼或鷗鷺　独自清吟轟與語開
大吹雞鳴出闊　追逐水玉限

鑿覓去格

鑿石穿時逢瑞玉　園林是处發春花
怪木枯松傍修竹　惟我建前長秋菊
鴻雁天边孤独飛　百年燃争問如何
鷗鷺沙边覩一足　半子半孫相伴宿

此命深思遠慮營運勞心性高氣直昌八慾愛不得眼熱吃不得傍觀分清裡日補短常長為事㓜歲千人不足妻弱難為子多才術功名虛財帛耗仍裡得來空裡去水上浮漚眼前花

○巳庚三

臨官　天一春光遇㓙夜为　寅　初學射燕斷　辰　後能　行雨　午　石泉天　福雨饒　申　春當　百夏燕　戌　台石　泉香

鑾襄　兵馬休嘆元不用憂　乘梅多少閑田地　皇自從天祿久淹留　行藏子務惟有娩求風勢好　文毉前果子始肤鮮　同歸惟有朋功惜我植

青松翠柏月優游　芝桂芬芳一樹榮　封湯逢雍漸出頭　推稿動業上林权　雨蒙風狂未必肰　奋飛鳳舞闔重天

星　一雁分飛吳越去　知音一栫除名遠
婚姻　求口相依緣自遠　女塘边鴎鷺紛紛立
歸　志問水溪边多榮盛
身隐　孩雀相依天外潤

孤鳴独奮工天边　得祿得朝合宫條　妃矣中路各分飛　明月清風所子規　此是有家業性真　現花影裡酌消息

雨打荷花落

此命生來不遇時　大發離官為溫木
落花雨打葉離枝　金生兌上復生枝
無情鴛鴈各分散　只然紅葉風落
有意鴛鴦不肯飛　不成成陰有子時

此命爲人秀氣棲遲月精神仁事至誠爲人執直見弟兮私骨肉相疎必就…
一要發心人賢氣直心用反成不足管閑事到頭憂愁不生好事多惹件件…
心下閑内多愁頭看見莫怨生來未遇時

○巳辛　三　泰卦

鐵基金家未見助初生有立不如重居去
行藏門庭延段九奔波知音非鋼葉中曲
嗣息看尽細花說後汝嫁防德胡後助

天厲丑花井　卯花園　天鳩巳高樓　未松運天　酉鼠入　亥高松
及至中年事緒給　昆玉　慵空二雅半江鄉　阜木森森台綫仔
榮尚元盛月肉要　何訝四海不相識　到頭退讓求驚入
少口相成人意和　婚姻　死央鶯谷沙川上　群家分戒自湖
無愁獨酌待如何　妏　秋水月明照網章　携閑積金花芭
綠來一果奇枝頭帚　登途莫向險中行　婦男發舟在一嘆驚
官遲因緣待見流鼻　隱　假使見危於獲福　吉星相遇居中生

石上栽松格

節許虔霜不改堅　歲寒偏耐自天然　大才見用終須貌　浪監浮花月讓它
四五朶花秋色裡　兩三行雁夕陽邊　如槐葉看遇後　劉本多冊作游風

先後經看此命如高岩上把賊看身難穩何難過造富貴難罕進退多因憂疑百樣親

情無分骨肉成冤只宜出外自成人不可安靠祖業房近遠則人人相敬近則個個輕看

若得興隆方遂不料他人叫小名若是離祖別井去無憂却有貴人欽

○巳王三三　師卦

為子媳提生來作天花邊午炎天大日送木成綠木
福一乘情雨愁風雲尽宜要年種要雨行舟成步魚

縱然辛苦存身險在前　朱衣荐引御階前　一風雁飛江表外　横斜二對谷東西

晚來水尸人相助　草木數要攀上天跳玉　侯身獨立吳山叶　戶向園林廝手規

行藏黃金美玉非為貴　精德觀賞畏主珍婚姻　鴛鴦妃央池內戲　三三兩兩踏青崖

嘆其情如氏出　可忌婁假却成直奴　如因緣偶自有段姻　四九年底郎開回

嗣息春尽梅花空結果　一枝花向水邊眞宜　蓬市莫回江邊去　遇鼠休登馬與驛

晚來結莫湘江三　日首悠悠始遂心　其隱具險不凶終有福　江東球里百花前

鴛鴦戲水格

歐水妃來傍碧蓮　朱我發鹿過中年　黃金未許君叔掌　句鬢辰已我再離

鳴雁双双离遂塞　妃央兩兩戲地边　若還要問平生事　秘栢国秋壽晚年

此命多思多慮易敗易成大事難成小事深沉知進退識高低繁華究吟爲人急當是小急

八宜喜怒無常千斤數而不算一分一厘要美計千千只足救人無留邑超凶中

反吉命裡有退神不犯官刑囚獄

○巳癸 ☶ 謙卦

鎡基　子生未遇知音客　水日有人相顯遇

行藏　驚若孚泉鴻巳海　功勞過泰吉名成

嗣息　樹頭三枝一果癸　天賜其莊終不

花落深秋林

天五監田　卯　巳　未　酉　亥

功五種典　水宿減　進果　行冊宮　迭遇　酉月　浮頭

藩在青冥長甚運　論做秋空積五雁　此風吹散一場

提携扶引上青天　星　紅顏門須多少與　晚來惟得八尺尊

秋來松柏長新花　婚姻　六爻男自咪一顆　明或変化作燒龍

遠從業推崇其延家　如誰知久囿早他內　身勢從耽在此中

卅青星逢子年年　歸　時來壽終身有計　開馬乘牛兵自兩房

扶持宗祖豐兴天　隱　若見水准影無龍　逍遥馬上乘路華

緑重須防火有防　再當底処必難違　神棄花向眾秋秀　柏含幽夹夜半飛

守奈方歲中七造　倉忙未是难逆時　要知家在重山外　早有功名别有期

此命識見高明机謀廣大是非不記成敗不常會是之言龍遇處奈何限未至名利難成皆

砍大樞不燒了夜底鍋巧裡來空裡了知用命不由人晚年華自然是福

○庚甲 ☳ 隨卦

罰　梵燕宮　緣木　天　辰　窗閣生　午　南簫天　申　纈離　戌　征日

情子好界　求魚　花洞　分約酒　枯井　晩舞

鑾基 陸地行舟去勢难　佳人两意思無策　天外紛飛双雁遠　風吹一隻遠歸來

儿年埋没藍田玉　別出行更日看　晃忽忽四海五湖闊　紅裊白頭直此歲

偶然前田黃金昔　藍花前[illegible]貴人　婚姻[illegible]上些頭根低錢　全晃明德如半

行藏 指望仙郎归玉闕　故館復[illegible]春　如晚來鴝鷺成行去　一叶秋光映月高

珣水一枝花正好　岂期之化[illegible]風　高隱若見馬牛空意　延蛙驚泳便归山

嗣息 龍蛇水[illegible]如相會　芝桂芬非紙象吹　品[illegible]南柯一梦[illegible]　雁深[illegible]声宇宙间

清水釣魚格

古屋[illegible]無[illegible]衰　並檣有路斗天台　要交千年遂名利　須是堅心守鈞臺

難助来之於[illegible]佳　[illegible]處怨成災　庭前若問東君信　檢地栽花满樹開

此命有心机多意氣亢性質和作善是成親情如秋水骨肉似集庆巧謀多進退舉身賢

商量猶恐招名恨燒香引禍只好事睦鄰机會差失若要心足駟馬乘龍

○庚乙　☰☰　大過

(天)取丑[illegible]宝册川[illegible]翻天　巳人[illegible]小舟花四云　未雨樹土　酉[illegible]小滿升　亥衣泉[illegible]秋四牡丹

鑾基 頭却相視[illegible]却顾　留同往此任方香　昆[illegible]衢人在花未錢盤　失延分飛各自歇

象[illegible]之[illegible]落芳　聽同[illegible]信行係　[illegible]有湖遊木海水　清秋[illegible]　財品源

行藏 人來投我[illegible]投人　舜息[illegible]脫過門　春[illegible]婚姻[illegible]　鴛央[illegible]碧泉　[illegible]來一[illegible]送清波

終過天去高貴客　提携声譽到江湖　好女何[illegible]不是無心物　細白清光[illegible]五湖

命息花花殘會子在 紛紛庭下美書是男帶隱龍知数任九九上 休說術年通亦通
逢不過大多榮貴 丹桂榮枝近御香 隱美此 人多憂 却見一笑 居

煢煢風格

疎却成親親却疎 枝南枝北皆丈夫 知君本是山中客 伴我時從花外居
戲水鴛鴦終若散 失群鴻雁已無書 朝來暮去深深裡 長得金衣一領袍

此命懶于俯仰內觀不足外觀有餘作事有窮無功所為有頭無尾財帛浮雲聚散親者

秋雁鵰鴞獨棲當途雖為歡樂乃五差比皆是命莫嫌晚運到來遲

○魁方 三 黃卦 晚子婦十月天 長言殿西照公 申局府 戌落花 雪 雪
子嫁娶梅花時 滋宮出林 侖 風寒飄飄 逐真陽
會忘卻相人此事生 暖暖二度入秋酉 好卉美名 到仙家

鹽基孤松枝上雀聲鳴 性性待遲長為交 星主喜氣 交梅帝少 遊語呢喃過遠山
基內王實系炊是貨 績忍朱月時神仙 氏因節續鬚白雲閒 終因蜂蝶尋同止

行藏兩四用金珠蒲日前 積德修身定是天 交流水落花人出 仙橋已架紋如

閒息兩重坎換方為妙 牧果桃花泉戶 白衣呼龍大年開風閒多 帷帳作
形全換王調骨琹 晚來秋桂如霜 身鳴兩 山雨直清遲 雀噪錦帳作
牆外高枝花正發

黃卦新格

棄旧從新始命亨 利名郎有兩三重 匪飛氏外程々逐 花落漠边花々紅

世事苦辦無用処 君賴貴導有貴客 龍頭大厚天喜臨 雲塹青雲鎖霧中

此者主人命清高 近貴逢貴心益寬 不會尚 水柑子術衙五行 區回四柱安和清 口好鶴

松性似寒潭明月 如行好事可保全

○庚丁 三 卦

死鬼醉仍永萬天 巳 登高 未 王樂天 西 喜見窮岁 淡舊

瀛丑存水卯遙歡遲 巳 望月 未 水清影 西 逐木 休好

鬱宜 風天晴明月加照 人在紫香宮御

天地堅固紅千夜明 昆王 風快笋中三層閣 秋深兩售名分飛

八多謀遠有前程 法糊血尺狂來賑 紬把魚竿下釣沉

行藏 晚來暖氣協勇耕 壹把揚名知利客

古上名登高久舊身 氏婚因四合兩緣前世事 風情雲舒月明時

依遲編稍個中人 夕刀多錦敝尋松直長 執冷金巢也有知

剛見 昔樹花開都幾裕 終榆桂柯青々茂

商墻一異奇核頭香鳴 嘉見馬牛春色裡 風吹雲散可歸期

記得當年上客舟 身隱青山猿隺久相待 国所云想歷世歲舉

月丙照子午 火照車格

月華眼熾筆水輪 圓團玉兒浴寓海

物外安身榮不墜 赫々鳥瀟秀雲

命亦心不生知足廣 家在五湖而得

逍遙偏合好閑人 花發子結一枝春

此命心長有拙性 性巧多孤寡 偏作异求無做有親者些 遇貯月貸財偎得好 事多若

[illegible]身發[illegible]中有救不犯官刑尅命初年破祖　戌貴立[illegible]官

〇庚戌　三　咸卦　六亥子　宝馬　寅　消殃　泉　[illegible]　申　情去　戌　地頃　小鏡

蘊黃金解徊不須量　誰知身外自相妨　昆　二双鳴飛下昔花去　一隻懸懸望故鄉

鎔因思家事田如計　再整衣冠上玉堂　二行里江山仅管過　背鳳胡月一炤香

行藏一般動聽步中年發　也發丝歌入華堂　燈　月夜床寫宿裏　化央分散早多愁

可因借馬因人成貴如　仔攻公子樂命傷　[illegible]嬌鴛鴦分分去　一条紅蓮長碧池

晚歲兩梅花開存一果　偶墻一果有餘香　[illegible]見牛頭井馬是　青山綠水兩無蹤

嗣　晚來枝枝是前我　几許松草映玉堂　歸　前何楼入華胥國　人憶英雄話語中

鳳宿梧桐格

身也進步多當復　世事補山甚　寒[illegible]鴨雁影沈沈　夜雨梧桐声簌簌

丹名姓樹不成明　借手栽花却滿林　因得搖大[illegible]行路　等閑白地拾黃金

此命似孤雲出岫野鶴乘風必在四方息者僕僕衛異鄉成立別處經營置產業栽松覓

秀苗因種此因隱父母如遇客兄弟從之多不戀故鄉生處好受恩深處便為家

〇己庚　三　革卦　天監丑　枯木栖鴉　卯　空血天　[illegible]　巳　飛　未　天　兒日尺　[illegible]　酉　細沫　[illegible]　亥　寒　不[illegible]

鑾 莫怨親疎不久長 逢羊大馬終須喜
行藏 借物成身旺祖宗 參堂一曲江淮遠
嗣息 兩餘風靜果須稀 金玉堂前臣影乱

重菓垂詠自威光 昆玉 紫綠紛紛各異枝
笑指桑榆處字香 多在江淮土
雞鳴犬吠描音風 婚姻 英対對碧波清
風月清光樂喜濃 女當 滿林春正野
花果牆桃喚啓時 寅申歲月莫登山
超庭詩礼日當 鶉隱 啼鳥一声箭破隻

雁飛異地兩凄其
自有高人為累遇
鷗鷺成群眠
清風明月悅人情
山水區區鎖谷門
林間猿鶴亦難近

孤雁帶書格

非内毫光射斗牛 平生衣禄不能周 妃夫頻舞三更月 場御悠揚半夜風
繞雁傳書多謝洪 風雲際会平遲留 貴人只在坤宮位 引你回登白玉樓

此命稟性聰明所為磊落居進卑更変遲親眷薄情春暮雪竟孫無分鏡中花好事難成
胸中進退平生蹉跎皆是命定

○庚庚 三 兌封

天子浮浮寅浪逐天辰雪月午兩中天申月夜戌月下
柯冷遇雨行舟御梅花目酌顯登樓鳴乘

鑾 大澤用遇五湖返 隨風八坐又江吳 水流山遍底路迷 天边二雁各分飛
千生歷洗退居 才近王侯德不 崑玉 江山多少閒蹤跡 独把魚竿亦釣磯
行藏 固旨能边兼馬首 無心喜処自天来 婚姻 雄奇弟羡声酌雅 作朕亦不
名 遊遊歲月方知遇 提攜仙郎上九亥 婚姻 九年逐浪隨波泊 出門卯百奕憂心

嗣息 嘆老來空白首 誰知最後一双童 甫吉遇須由逢丙子 此時方弄夫坑牢
蕭思故国空惆悵 美酒酣如春更變 負隱青山綠水悠悠年 犯醉東風上釣艖

春花秋菊格

独喜雨舟過江湖 東西南北望連吳 春來巳寄花開放 秋後鐵驚疎巳游
水潤天边星必收 天高雲斷雁行孤 知君今日和船客 何不休閒做佛圖

此命逍遙兮幽谷松柏茂深山兄弟事業難通父母根基少守只宜自立道入空門樂豪

風中秋菊美人情火土春水成敗多端利名進退命裡不應朱紫貴終須林下作閒人

○庚辛 ☰ 夬卦 宮天寅 丑 兩陷眼食 卯 走馬天衝 陰巳 入林騎驛 未 行吟賴焕 破酉 月下 生墨 亥 破碎

鑾臺 月到天心氣更高 東：氣驟起波瀾 風敗遠雁過疾滅 消天一隻勝驛飛
知音多在東江上 一舉乘机勝九臯 昆玉 自笑紅顏花盈岸 尋竹青松足可謀

行藏 九回年事方階 濃清氣雲不必嫌 婚姻 掩映殘紅江上景 幽吟前岸歲寒時
清風明月文章伴 山碧濃採映日聯 婚姻 女勢年埋没荒田土 巧匠知音終歸來

嗣息 昌碑前彰長綿條 一仅仙骨自樹錦衣 隱 青山綠水壺關干 九而蹤吵仙花間
可憐明日破宮圖 須多明德好奈豪傑 蓋部蔣照明月 猿雀鳴鬧時可还

藏隱淪沒格

三

月到中天影斷高　寒辛金助走崎嶇　一江烟水乘舟棹　方里滄波隱白鷺
雁嗅三秋分作條　花開三月結成仇　平生是道多蹇　晚向金門偶貴家

此星照命主有是非作事多招與有隔權無諂價名易嗔榮辱易心事不藏作中宜

有妻妾人不足親眷共中忍父母風中燭

○庚壬　三　困卦

天子一把鳥登山天　騎子駒牛寅雨雪月自　辰首登頭午　高山天中秋是戌好勝
鑾慈有似烟波煥文家　五湖四向寄生涯　紅蓼花開　秋風自吹深深　天外翠清雁飛
風亭波靜水半明　抗醉白鷺紅蓼花　全長嬌好山青映月　往來紅岸得相依
行藏般勤世事人勞心　往往來來九分染得　因林清栖花開日　秋至推留三果春
日晶暮雲天外閑　以論羅約染今生姻　嬌最好一枝猶对箕　氏生能千埰家吉
驪雨狂風打綠枝　一什妃共飛不飛壽　隱離信垻定多厄險　一場不測許多愁
嗣息草堂是非多紛紛　立月上星奔燃鉛析自　高山流水悠悠限　不見當年舊酒樣

雨打荷花格

放回山林不是家　不生作遲却出涯　七倚雨打吃央嚴　花叢風颶纏庫料
三兩枝花方結定　白千頭事未為作　落却傳朱衣力　枯木逢春再發芽

此命龍頭蛇尾命犯退神財逢長兄眠心重　死破發成夫妻擁兒弟疏遠子方宥

若經背財不聚時空奮力要逢通達直至衰旬方可

○庚癸 ☰ 戌卯

鑾輿龍樓鳳閣帝王城
左步玉代金人去遠
行藏部外秋景雨妻凉
素姿不晉人意急
嗣見蟠桃枝上半青黃
更有兩枝花競發
鶯宿野林棲

六 丑大州 卯月炤天 巳寒潭 未花間天 酉逢浪 亥搖枝
將入海 卯寒潭烈 巳下釣 未抽宴孤 酉細鄭 亥得金

來往翱翔几方程　昆玉夕夕雁字飛兵越　求往天邊共月明
江漏塵節總归京　画堂深処自懸香　醉把金尊向朋評
當得成權運国强　婚姻換林桃花總是春　妃央会聚同江清
郵重備揆俱金童　森森丹桂聲清影　舊燕紛紛古点景萍
兩花花間晚吹香　帰隱晃等着火功多須　芝桂數枝秀楚庭
保天娃地傍横塘　異旧正好对花同声賞　一声横笛何沙江

旱為蜡金不用量　旁人自說短和長　孤飛雁宿茅花岸　不繫丹觽雲未御
荣花枝孫已暮　人居草木日偏長　問君头路九亡事　生笙敲送夕陽

此命孤星蠶退位重耗必重只宜離祖自立不可靠親享福重重妨內作生涯有尺竿頭
打衙斗只因八字堅牢根基不能搖動

○辛甲 ☴ 死安

六班 子西偶 寅井櫳天 辰寒潭 午西残天 申敗柳 戌日炤
班 子推鼓 寅出炤門 辰下鉤 午壑月滿 申逢霜 戌春松

慈基 逆堅危變不可尊
一朝天上回春意
丁藏 多少財源不必求
行 前埋伏有桑偷路
司昆 墻外一枝栽一果
翩 晚來桂々上青茂

拱個滿守成貪心
暮地龍門根好音
總然成敗有何憂
明月清風滿玉樓
開時正值雨和風
蘭干睜眼擁攡山

昆王 紲組三雁同鳴遠
絲有連枝三兩幹
婚因 誰知千里却工匠
女評上老人傳好事
歸隱 立志後來緣久事
鼻即 青山綠水多清涼

一隻孤飛下楚何
豈期一於自孫々
不須知象々百求
妃央花下不須猜
行藏須忌水邊鴉
後今悠々月下啼

定閉局成格

濃雲蹟々布六雉
人家無事成机變
西屋長安不見家
截枉王夫踏破腳
春今花開嫌夜雨
借問此身何處好
秋深孤雁落寒沙
竹松影裡小禪齋

此命如春桃花秋菊夜曙光頭色好有秀而不實是生涯蹭蹬浩計偏拉白日奔馳黃昏思

筭進中思退旁而無功只因是道傷人因此小人不足親情春後空覓鏡中花

○辛乙 ☰☴ 姤卦

天丑 零雲即裂因天 巳 石上未 洋浪天 酉 綠木 亥 種木
位 映日卯 所樂非 識花之 綱鱗被 求魚 遇冬

且宜隨分向前程
昆王 三雁分飛英雄去
同伴到老不知心
映月吉花何處尋

慈基 春去秋來事々通
天枝地轉暄春系
不待提携不費身
湖邊積聚知肽盛
行 九回央時賴人扶
豈敢從新事可圖
婚姻 一對妃央流綠水
鴛鴦兩個並枝啼
行藏 回看桑榆茱盛處
風僕人眼得天書
婚姻 媒花落華得春後
鷃鷃々々各自飛

同桃李份々宜未晉　晚茶一朶綠枝頭常遇大一場顛倒變　驚心源易少驚心
扁息青黃全得我培力　更得明箇栽後夏莫可把偏鴨雁功夠　下淂尾枝餘　又棧

雙魚戲水格

志氣敢高且持守　烟波鳴雁各分飛　故園夜雨添芳草　新樹春風長嫩枝
日古路道須勇為　從新心穩至天机　前程得有知音者　不憶當年生子時

此命祖宗难靠親友無情只兄弟之緣少股肱之力雖守儉成家計獨拳扨起規模能乾

雙倉支香思量慶尽心机發有發榮

○辛丙　☰　同人

天祿一寸旅花搖流水賓瑤宮方虎覓辰寅創午秋葉天鳴烟鵑申春古花回戍至月人遇進

枯木復生花　祿虎出前路不到晏至　天边鳴雁無蹤跡　一隻孤飛入五湖
風雲際會　夜晚龍虎作生涯　鳴鵠独立吉祥　卻有傷心楷西向
禄清人閒大　衣冠重整用威儀　姻緣樂呢有穩處　守箇梟斷分飛
知將心事放平易　明功等待好旌旗　婚姻枝空看只東風白　孫祝被金所子規
同息綱的一枝花一果　誰知果熟有名聲　隱庵到好看乾典衣　楊柳且對月鈎理
多箇久積明功力　善慶流芳在某處　鼎門高山流水春何在　帶得芳名在紫微

喜鵲踏枝格

10

前□數

只到中天影自移　雲開雲散各因時　風寒塞遠雁無信　露冷林枯雀不棲
初道雖堅須破缺　親思縱厚也分離　春光試問間多少　結果還他一個奇

此命如狂風拂浪透海穿山命逢三早三遲富家事業晨昏憂心早不得安閑子息遲些皆是命

此所定

○辛一三　否卦
天丑月明仍枯支天巳独立長歲花天酉雲龍亥似月
毛丑夜高易得奇害巳觀輩遇兩霧酉遇会亥逢蔚

鐵甚茂盛羅蔭人附瑞　科繼繞芳際吐吉
君子仮紙人所歎　昆玉秋來三雁飛空澗　一個孤飛月乙亖
黃龍白髮遇知音　多少白首結參商　耳隨漁父宿芦花

行藏若遇鼠牛豬氣象　知音多在西南上
此時平地見崢嶸　婚姻戊姓若無唯許事　因緣便見在和容
提挈仙郎土王玄　女女猜日明月為卯巳　使古寒衾所明欽

嗣息一樹花殘結一且　朱門反侍休奇工
東君別意更般勤　壽噎牛羊災害重重至　洞坎從寅至邦愁
孤意秀櫛楠風亡　鼻噎戶扁不能施妙手　空留明月在秦樓

雁過高山小木

雁過高山里倦飛　白通鵬鷲變毛衣　大頭消息重重至　鳳凰生得伸伸直
只易異鄉逢故友　沉下身于地上雲棲　從來霖雨啼鳴淚　不得升騰定不凡

此命如風雲之象有聲無形行中成拙番正為利得錢二月兩用似五兩湖經營多謀當

不足之人暮年少有知音親者見親非親却是親妻命硬子息先難後發者也

如此足妨碍

○辛戊　大有

玄青松　亞高
鑿天水　外徑
南山　山青
行藏訴信今朗星跡下
𢘉俩石六主現分芳
龍死莫欺無變禍
雲路阻重山格

天子　滔滔　八海　寅　共鏡兵　扁舟　辰　佔長　府泰　午　遠去天　申　高飛　戌　秋水

極棄修根路動高　空中呼字分飛後　仙向獨江自有長
唯有適有老東皇　昆王　貫歐所重子大發　衆柳獨行李周張
遇合因須頻定盟　婚姻　花疾初度欲魚外　風急池塘亦自游
兵過如轉在重城　少兵廷滿湖炳水漸　耳邊鳴鷺鷥新漁歌
更分因田柱子孫　居集起西外來聯可攀　小溪之畔有人迎
門庭未上有圭璧　負月泊樹身時山中立　近水樓臺先是春

重雲覓心外休處　他馬與鴛鴦退心　自損三千萬何苗　歸來不許滿金箱
若開張不多逢屯　欲地栽花只作材　征戰場中牢着血　徘徊方始有知音

此命有剛量多悲忌機謀敏發高人欽仰小人憎嫌須防破而復成忌施恩而反怨嘗畢

甚從辛苦得老年記取少年時

○辛巳 三 三卦

鑾蕊基 黃金白玉井為宝

遇大運龍終顯達

行藏里嘆 恐双尾走

是功 不知前生

嗣 一朶花玉柯來結定

嘗見 內外村茂

玉碗金格

天）丑秋風 卯寒霜天） 巳枝雲 未井韓天） 酉黃花 亥登樓

罷鴉 下約年 望月 川緣鑑 符百稻 里月

守巳 有東方 崑玉 其絕雁飛岸陵水 悲鳴一隻向蒲湖

因人待詩 郎聲香 氣參白蕩盤酥 雲寒箏幕 來孤寂

安恐 居鳳 逢來婚 因 愛衍放開 皇鳳 王 人独立在高堂

盆 往 後 烟 踏 上 遇 嫁 姻 君 近 也 如 箏 中 翁 有 張

壽黃 第 曲 一 放 一 歸 隱 恨 往 來 得 多 莫 处 未 魂 消 一 枝 簡

朱門 紫 紫 玉 境 貞 息 水 難 能 作 示 也 雍 氣 勢 不 安 閑

箭射星斗透其穴 月招天書降上方 三鳴雖声朝北闕 一輪毛魄出東方

倚山磨劍先尋石 域王成張不調啊 兩隻眼看章表生 開弓一矢中帝星

此命將相輔弼之星文武股肱看心無私曲性有剛柔能發覺吉凶一生衣祿

不相厲 毛 然 不少愛閑 會 分 詩句書堂命硬可保延長

○辛庚 三 三 卦 天）寅 石 天） 辰 年 午 白 天） 申 帳 戌 雲

天 子 嬾 之 賞 下 約 折 長 青 松 年 寄 松 高 申 馬 集 人 城 京

盡 門 君 命 值 空 十 長 江 三 雉 分 飛 去 一 隻 孤 飛 对 月 明

鑾蕊基 分定不須 詐 能

舊 華 独 立 平 安 地 有 自 高 入 為 十 崑 星 來 往 不 知 天 地 闊 春 時 不 必 過 功 燃

□□同時□能共夫　未□□□無生光咲聞一对飽無有氣□　分飛南北有□□

□□□□首玉以前天性之　□□□向名□学前文女九多端難□　日照□池碧水□

□□□棠花開三果　□□雨半白　□□來清隐被意正時在馬上　門給門已□荷昏

身服分各立扶持　□有胆萎　哉□□晚來催蔡戒星月　春去秋來水遠樹

食龍□□　棕一

六親对面不相同　半是成張半是空　鳴雁分飛秋塞外　魚龍□□碧波中

打海失范空勞力　綠木求魚錯用工　到得五湖明月上　飛身當到廣寒宫

此命勞心虧分作事辛勤服親子伸伸當心知心者少吃虧著多　是情花春起早昏

因愛月夜眠遲家　件件難管財　知心別有誰　□狼□緣無家中窮閑樂

○辛年　丑　三　乾卦　丑　已　望月才□　西　□花□　亥

□□池上□□□□開　竹松左是西中村　上主　秋至鴻雁□□　一隻□□轉寒

人□嬌梁□□□時用　綠木求魚照後史　寄語胡兒休似猶　待來南北一般天

行藏知音一□天地去　生雖□□□□□　婚姻春來□架抛花發　戶下呪□不勿云

同□花發名園學栗收　移坐□地眞□哉　月缺再圓人事好　晚來鷗鷺滿池塘

嗣□□師□語情九切　青龍□□□□□　龍舊雷声驚忠又　能□□□角兩分離

丁□□　□□□來□□秋身隱青山如故不還遠　□後不知有子規

前數

石上靈根格

酉金根將方成器　石上靈根根不出　鴻雁孤飛去不回　雲有路終須濟

一生事業在何方　分付東君失一場　說看後園花果樹　晚來月桂一枝芳

丑命不因祖業身至老吃飯如春草種句生莫今用新有

信小成家失覓處得尋去

○辛丑三　劉　天子　辰　申　戌

鶯巖嶺頭花朝開　一日喝氣園　空有花未雨　園林有鶯花　昆東風宿落　江楊柳之　五雁成行不得　鶴落南方滿頭

行藏延頭騎馬皆　中時似年時　婚田空落　明月再雲出　鴉路唐中立

同易春無一果　採花時也易　女偶失飛　遇失過遠山

歸頭不移內　也有金城　事斷流水落花春寂寂　爭知白鷺　閑

月字金星格

月字金星太白行　提刀欲上麾　天高孤雁不入隊　林靜豺狼相爭

有志四方皆可在　無八方里道方序　不如收拾前事　落得清閑一老生

此命名為三刑發辟已煞[illegible]星入命值之傷皮破肉十指不全下眼[illegible]

所為坐多出不成、一厭五重克二一吃王半點傷妻並害子破[illegible]成家

○辛癸三三　遯卦　天丑泥淪走馬　卯舟天人海蝇　巳浮雲蔽月　未浪裡行用　酉鱷鳥校林　亥御架臨風

子生志氣典天齊　亦陰登天未有時　天边三雁各分飛　吳越瀟湘只自知

蹇　俱從柔懶用地開　本能蛇馬亦相期　昆王回首白雲飛萬千　白蘋紅蓼映斜暉

壯陽最喜逞剛力　人[illegible]江边事、宜婚姻波美人兮天[illegible]方　移來寂寞倚[illegible]香

行藏　滿眼公卿雖有　鳳[illegible]隱碧梧枝　[illegible]多[illegible]合　菊圍霜濕[illegible]一场

插秧[illegible]桂花香　一士青[illegible]一牛飼　龍蛇[illegible]不俟　長江漏水[illegible]流

覆　堪笑[illegible]分外紫晚　士[illegible]到成行歸隱　乃[illegible]去[illegible]南土　本自高僧一寿

窮[illegible]出行若磨格一

吹毛室[illegible]之[illegible]精　壘土泥裡暗不明　排石再磨龍走地　騰光夾射斗牛星

江边雁陣斷还續　苑內花核落[illegible]　一旦關[illegible]降旦眼　右[illegible]深处馬嘶声

此命玉堂之曜並禹之星平生衣祿豐厚到老退神重天施恩夙翻中吮斷呈品廣貴當

笑此小[illegible]不[illegible]眉

三

壬 ☰ 七卦
(天)了發旋 寅 秋地(天) 辰 枯井 午 武井(天) 申 灶丹 戌 丑帶
(祿)一年月 楊柳(將) 金鐵 遇閑(貴) 美芬 平浦

箕 蕭相催叫逆踪跡
燕晚雲相映照
吳越相爭八刀 昆玉 天边催叫声兒痛 兩兩双飛同楚天
一声雀鳴在林發 日等勞宮紅蓼舞 几多村吵下千川

藏 兩會休花發是
江了麗可相逢
春風花多氣迷秀拜 婚姻映水桃花攝屍明 他只成對好松悅
独把綉編土豹亂 女姻誰知兩家花落後 月缺花殘兩借别

霓 庭畔花空艷治
借問佳綿未穩
老附綠卯吉 歸隱逸午淵 壯 自有貴人旁下宗
只臥口為乙平稱 身 几乎 衛 豈期房兩動肩求

松透 格
秀松在透歲寒枝 江叶及散不可侵 水面浮光情然然 天边鳴雁影沉沉
花枝枝折曾經手 名利應喻未稱心 只行路隨牛馬足 一呼百喏万人欽

命有機謀操略會用她為財保可圖利名不失堅心守耐心正不怕壁邪只動骨肉親

若如今晤路人若是高鄉千里去精有她也精神

壬乙 ☰ 升卦 (天)(陰)丑 投 卯 (天)(府)巳 松相 未 漏網 (天)(刃)酉 風 次 亥 苔下
龍飛鳳舞 成 歲寒 張魚馬 砌系 走馬

基 海上驪珠人不識 晨 昆玉 三雁高一隻低飛 雲垂路塞徑非行
黃金有煉始光輝 將向高人 悲鴻兩兩頭边天 一個妻原入翠微

行藏吹甲鯽新酒異話　無緣却是有緣人　婚姻綱提淨魚因遇朝妃夫鷗路兩相[illegible]

行藏前程依有吹噓容　水山相逢是要津　婚姻月明星明人何在鳥鳴燈傳羽翼[illegible]

嗣息能李二花年二果　晚來一果異常紅　嗣息尋見虎奔山走兔園子見子如淚亦[illegible]

嗣息凡作行[illegible]森茂　芝桂芬芳滿惜中　終身清風明月晴時有雀在[illegible]白行遊

五行似蟠桃格

硝石調真王　寒沙揀碎金　異御当勉力　故国有蒼心

有官住酒謝　無心枘作明　要求直宰之　酒向水边尋

此命在天為提地轄宣之曜在地為脊之直濁之窗有始無終空前後[illegible]

身發之觀[illegible]內[illegible]多只宜七[illegible]空方許名利可圖事覓破得美雖招[illegible]

寄可一身安

○壬丙三三　歲濟　天下[illegible]　長　洞裡三春后天申寒

[illegible]真倒翰格再整扶　[illegible]

[illegible]知[illegible]提筆向南去　[illegible]江山人閒時　崑玉紫荊花下人垂淚

行藏[illegible]有[illegible]人[illegible]引　東來[illegible]操持　婚姻[illegible]調集中尋一由

行藏青山綠水多逍覓　[illegible]語[illegible]春書早　婚姻女[illegible]月清風夜

斷曰 狂風滿園花因少　牧上青黃三果結

殘瞻欲乞三果垂　柔偷月下千現啼

王隱兔走窮啼好處閑　少作樓閑老燕空惆悵

春夕月落下重　開嘆存圓惆明

猿戲松林格

雨後山重秀　雁落五峰遠

雲開月再圓　花開二果鮮

世情皆好處　虎變虛白刃

心事天合拆　牛角侯未改

此命為人見枝柞事敢為人會具膽小心嘗善巧言人從心上中正反寬嗡兔兔俱悟海

辛勤之勞官刑口舌既濟于人人從處一場惡得自招來

○壬丁三三三　此卦

鐵甚 千持弓矢射方偶

三前天山流布日

元戲 奈何侯門終自路

行 分明功大吉明人福

司 若論花雀逢驟雨

斷曰 戌培着力早修持

天滿五積雪物破更天天　月中天梅花天逢　月色亥兔棲

城山物望月決巳　及魔未年月逢酉　穿簾望月

立志孤閣非士問　空中孤雁沙江去　驚落碧花竟不戶

逢平遇大士前途巳王　回首自雲斜日暮　兩重山外問什音

維持只恐不苦婚姻　因木昭妃矣緣未穩　草塘蹤路初相依

鳳閣龍樓何所貫　女野花芳草俱惆悵　不見花花空見花

果成未敢輕相許　日遇侯龍時前至　閑花帶露倚闌干

人在土堂相對語丑隱　月斜依在空惆悵　酒醉松竹滿山

雁宿古灯格

天妝月已到中天　雲霧□□老共堅　鳳宿棲□各有分　雄飛□去青□無緣
雖方獨自往風火　允任雖行逆水昭　百原千磨心不便　依旗迷我曲青色

此命如月被雲遮似鏡塵生努力費獨自孤成六親冷歲不相投二姓參差得合在
家愁卿卿出外喜喜權權辰甜帶苦事無平全風高浪險有搖盤憂疑反從心上進學
普真堅安穩有期黃連甘蔗林生甜苦一般同一處

壬戌　三　蹇卦

鑑春反覆明明造化間　海辛遇六卓回首
行藏許磨長游久在高山上　雷雨全
嗣息春暮喜見參菁　一果稀枝茱茂

天子遊獵地　天長安曉星午　林裡天申月照戍馬
盡一溢田負栽參生　安眠鳴萬堀　岸池戍鑰泥
力多人半醉閉門處　飛向勢分南北　二隻孤鳴下碧淮
助鹿至今在西山　自甸藏中萎得　漁舟掛月月回巫
龍飛鳳舞佰祥婚姻　紫右部坐西斷　尸鉄花殘泪洪
鷗化為喚上玉堂婺女燕　吳三人後悔　高山流水少知音
晚來一果最鮮　臨逢羊遇登雲路　人在參商技陽時
牧童橫笛清風自　堪嘆百年榮宴事　春風吹惱自逆

金玉滿堂格

江邊鴻雁淚秋風　一個飛來古藥叢　無分二邊推得遇　有緣千里也相逢
三秋老桂双花秀　子歲蟠桃一果和　君得貴人乘宅馬　滿堂金玉伴羅中

命宮坎

三九

此命性剛明大志氣軒昂作事藏机出言壓衆從從若寒梅獨秀娟娟如孤月独明六親
不相投兄弟難共處聚中有散散中有成貴人相敬必提携不作假猿癡春鸞空歎時運半
快好事見遲遲遇知己宮栄九品

壬巳 三三 比卦

蘂基 平生多作成人事 雁有明珠相叶佑
行藏 退很歷晚年乘肥馬 問時逆衆秋汁畔
嗣息 西姉疏早開三四朶 西藕劍出好花果

初秋缺月卯雲開 天巳登步來 此藏大酉漩魚亥浮萍
被五重圍卯果月頭 巳登步 雀缺酉停滯亥水間
費盡工夫意是非 劈地群鴉飛四散 風吹孤雁過嶺陽
青松寄竹可相依 昆玉 而相爲醉憂涼后 橫角一声空斷腸
借他勢力作功名 里嘆那人他内風 秋來名自在
車馬乘騎方里程 婚姻 女惟有自嘆伴孤己 二川声若憂吉
季中霜蕊一枝紅 蛙化為龍人事好 不成功然也成功
回指東星造化工 歸隱 祇因失却當時願 推推衣袍所施

雁遇衡陽格

雲一重兮水一重 蓬萊仙境在其中 雁行嚦嚦南秋浦 妃侶歸歸逐暁風
月到更闌人已散 人行盡處路無通 君家問我前程事 別有花開滿樹紅

此命能粧飾外景多結識好全立志极高天性聰敏作事無穀為有直腸敢出大言不

命理大四字金前定數

怕火燎括搭人皆後悔相逢見面即相親凶中有救退神多作有美中成不美

壬庚二三　節卦

天平子漸戌水寅春鴻丑谷順辰大井內已設水六金鐃今引泉化申變井水脈戌首多逆雨

鑑其　南固此宅閉風月　任然不如當運処

人遇重山如見金　昆王　歷墨天边鳴雁淚　南來各自宿共花

行藏　一重後事一重喜　與葵少年共有事

水边人自方家春　梧桐凋尽秋風悲　月落孤雲逐霞烟

備努因人自有成　婚姻　難捉鶴桑上棲　春花當啼好根求

息　秋暮日中二果熟　全憑明德積培力

榑花雲裡更清香　多因花落苦風雨　欲渡青波へ使自

鎖杖番得紫驚奇　正愁白虎勿边過　独守桂門田不出

紅白高難晚更宜　歸隱　回者修行篤覺　青山綠水間前雁

換骨成仙格

到処為家不是家　山中最好作生涯　月從海上三更靜　雁過雲边方里賒

節々湧出雲飛花布　重々疊嶂看模糊　醉眠常夢身無覺　白水乘涼幾處榮

此命刑煞重退神多不破不破依舊親完見析指截髮參拜禮神七煞若向竹院裡問做個

清閒好人不若閒市叢中做個名利之客担重担輕自居桃替力回者無一個若滅無明

之嗔衣不安樂殺世安樂

○壬辛 ☰ 需卦

斷曰：孤松古栢絃聲雨，流水落花春寂寂。
行藏前路未通津，力里深山且到底。
消息兩朶花開零落盡，休寃[illegible]青黃色。
雁叫橫空格一

（父）猴 丑（一前論歲王） 巳（牛限） 未（石上天） 酉（月風清） 亥（竹往東籬）
寶 卯（晝夜節） （春草長進）

換葉移根却茂榮，昆玉三分飛三雁鄉關去，一隻鶯鶯過遠山。
兩重山外始成名，一榮花開陽途攀，菌萏葉花歷闌干。
昔故從新始見成，婚姻一對死於地內去，月明自照影孤零。
老來榮顯慰平生，女女紅蓼白蘋吉細細，源分龍鈎渭淇清。
秋深果結枝頭歸，隱進退只因難遇水，花邊變出一楊秋。
只恐家庭一段愁多，水消左畔人何在，客海茫茫送客日。

天高地迥雁遲遲，何雀高飛且未及，孤雲流水各西東，浪夜浮花在浪簷。
時不來今空用心，運皆到來多勞力，若教旅下一齊称，王飲金杯好消化。

此時如孤高秋夜月冷淡瞧霜天下人不足做事多磨折惹招口舌平地起風波爭鬪

時辰數入從美兆成嗟吁常惱煩惱每日奔波

○壬王 ☰ 壯卦

斷曰：參天絕計如蟬秀水池，几多恩祿千門內。

（天瞎子驛馬）寅（春八天） 辰（半井） 午（金恭天） 申（旱苗） 戌（鳳出）
子作計 拔株深 浪天 向日 祐鶯 逢羽

終生來[illegible]高枝，二雁分飛向異鄉，獨立天邊嘶不停。
恩德天地不用求，昆玉狼行千里始得內，有志[illegible]不得均說。

行藏吞心邑根外方發　始信多年正好時
序許千前須不尽　半白隹子須似女

婚姻兜央權合篤乳雨　聰車田汝始林扂
女笄便百植鵝氏金　務急宋五乃花杏

觸邑兄片花再須結子　枝天卞地榮家声
自庭出頭娶扮氏　静所集雑交半明

歸隱莫從生平木安韻　雅大相逢和好五
一跌馬前人事好　乞多風雨難為他

魚躍養淵格

生計到魚戲水池　事務危如却無名　九番謀用空芳力　三偏名宮始偶時
吉學他端地司説　自滿此常雁分飛　洞庭無得欲光到　一派笙歌送客此乡

此合誰為又姻弄則宜堅守兄無力妻雲難求只好清閑吟詠不宜遠用求謀一番安美

两滿終一處身心兩處憂高人衙仰水上始嫌田納預年倍兩兵交中路庵留自有高人

相舉用不須騎馬一揚州

〇手癸、三三寒卦卜

鐵卷朴地同林長且秝
一納大云外乞舜

行藏莫執地貴人相聚間
西亩奇遇足心顛

天一相氏力降龍天巳王榮天出佣天西一兩裡亥盆內
早丑逢金身外兵叩巳水青來開天劍西孕萃亥共吝
紛辨亦錢音栽培昆三獸三旺若花去　一隻孤飛下涑州
斯節光華創鳳台昆三嶺士寒杪花止笑　小樓日望法五冉
相逢子足德百金昏姻花發忽然驚覺兩　一面猿啼兩死央
則麗年边有女曾女又有顯然盡絕秾处　明月清涼夜更長

詞曰 楊柳有花開亂朵 晚來一果寄枝頭 歸時運至騎牛來馬去 水際維舟意一場愁
百蕙相間多蜂蝶 一個綠衣足未休 鼻嘔尚心流水知音少 一兩夜漁翁晚未身

花柳同栄格一

萬里開山東後西 徒前世事足成非 風吹楊柳飛去 一兩打吃各自飛
春雪花開難結子 秋深黄葉留枝 又過解花風光好 只恐年來不待時

此命五行安穩四柱和平財帛堆成鉅基守種名譽足春德帶鄉職因星犯天災食見
身生福祿財星多聚散一生多是多非離鄉作事退悔多般愁堆他生置貫

癸申 三三 頤卦 太子青世經樓天 寅 當身 辰 春關 走馬宜 申 妙菊千歲前六 杜登云 月 戌 屬丙 靈金

歲甚 孔燕當時渠這是歲 東風舞天向邊去 雕梁回棟往來丹 梢頭蓄風方東極 巳王 雁飛偶足遇江河 回首春光送客塵 一隻飛鳴在帶部 江南捎信走懸無
行藏 騎子漸次登雲路 提挈也橋般收後 愚用妙須見青分香回 明月照處春饒人 寺乃逃泥陀年中 女女妃次飛向庸桐外 華詞曲巧求 鷗宿紛々下去塘
秋花零落逐風雨 魅看妙所不可期 靖 補眼全珠幌亦定 時平運限不
詞曰 誰首后又花再發 枝頭一回却希奇 歸隱 錦鳴何尽夢夢何任 一杜字一声催暮字

秋夜月華格一

月華千里父中清　孤雁呈哀哀鳥　父餘星宿從此去　兒見流水倚東傾

昭年安宋自須穩　早成寿亂事未成　莫廣春光師修尚　地始扎下所啼嗚

此命為人持達處事精詳而事時如謗聽不耐事時如金剛堅拳有剛柔無留難

兆經見名利拘身見友不知心親情反無義朝思暮箋些更只得三更眠千方百計三限

還他一限好風霜星歷千人偏我儂清閑自在人

○癸乙 ☰ 蠱卦

鑾臺　一封丹詔林花只好　一朗明氣洞春今

行藏　次進路仙六空休　身來不用著急

嗣見　臺內三花弄一身　堂裝稻多少事

鵬鳥搏風霜　鵬鳥搏風霜

天刑丑　天義茶卯　後門煉石補天　天巳　城頭松柏未　蝶頭蛇角昌天酉　明旦梢花亥　衣錦還鄉

試問何事壹看堅星　雁唳空中聲咽人　休傷一隻自高飛

夫臣宮只再少年生　清風明月為邦尸　任守声人当星依

草花殘問任稜葉春已　終日死失交娟処　岂劫番復交分飛

柔依得你朋岳開友如　多因只缺花殘後　枯木生芽消所依

青花相什麼樣頭帚隱　覺萬年為行爲早期　一醉花殘粗轉造

光宛明終易將依臭　乃原後生于如句乱　山間古隹亦鳴啼

鵬鳥搏風雲上　飛上高處立不　飛騰雲雁別衡陽　妃侶他中自番復

白頭又花開花未開　開時又似隔夜殊　一朝飾果重開處　多少春光箇九哉

此命聰明心性急，富身材不高低，為人鐵硬外頭好看，心內多憂疑，命帶深小人，一不足

○癸丙 ☰ 賁卦

錢幽土克多日疊官遷
鑑羨年逢五九重向下
行藏後發福壽不須憂
自身高蔭重立業
嗣息三枝三朵空少開
楊柳依依助為孫位

司伊子元要游石長岩畔　花落交申　披雲戴走馬
多多寅兵安另白辰紫花午　逢外息用　見自花街
力居稱秀家春風　兵茂木是有根生　誰信双枝一幹果
業筏世女桃杭中昆玉三寤各飛天郊天　晚來鑑路易有枕塌
西外國林不用出春妃夫賊犯心　鷗路紛紛不共盟
門歌門戶有扇扇女女媧絲路震從自近　枯楊枝上燕搖盆
風雨相仕人家台歸帝寸王計十載行册　一雞大相逢有一謎
好知吹笛子硯喧息嶼二八年間多小事　一天星耳下奐

金榜有名登

能修僻明出衣人　原是米門草方身　性急落行須修遠　命亭宮遇宮花新
當時作別皆朋友　今目相逢總是親　試問收成何事業　斯培門外物文春

此命說長論短三寸舌搖南北　先心君性若出是非悉愛受煩惱出兄弟不生

心路明白不遇不心醒人反憂不悍只為當年運未平待得青龍行大海自然有好

正營雲里

○癸丁 ☷☶ 剝卦 男(亥)丑 晦月[illegible]巳[illegible]亥[illegible]

幾其黃金生世遂陰爻豚削 [illegible]明均重[illegible]

行藏且臣施工勞琢磨 平生勞力上雖[illegible]昆[illegible]

[illegible]相見多奇妙 其何龍[illegible]閑前[illegible]

嗣息埃外枝頭花放發 終身應[illegible]成婚姻[illegible]

[illegible]載須在門功力 龍虎交[illegible]名女[illegible]全[illegible]明[illegible]

舊鏡新磨格 用時年[illegible]和[illegible]偏見[illegible]

牛有青[illegible]年有[illegible]身[illegible]用[illegible]水無人[illegible]

舊鏡重生赔必多 要明須是再重磨 恩中成怨既如見 被裡還同無奈何

[illegible]人開口笑 也[illegible]權[illegible]着[illegible] 老[illegible]不[illegible]霜[illegible] 白[illegible]何

此命主多憂思慮心繫絆恩也重重勞心費力欲進不達有嗟吁六親水上泛兒女

眼前花[illegible]向須防[illegible]蕭墻內要起干戈中年多[illegible]障業[illegible]

勸頭漸[illegible]方得[illegible]

○癸戊 ☶☶ 艮卦 (驅天)子 路八[illegible]寅[illegible](天)[illegible]辰[illegible]午 井[illegible](天)甲[illegible]戌 遊[illegible]結[illegible]

前定數

鉉基 般勤利祿以羊腸 進退柔愉男弱茂 行藏若曰未成家德地 行逢羊過六須通達 月技頭垂李郎文昏 前危花辞随嫁喚在北

風月無边芝桂香、欲深知准名分惡 田園景物未尋常上王方星寅山明月好 管家全力十分劳婚姻熱合求知水深茂 父子同集士九皇女終須名利成恩寵 一個青青一個黃穩隱恩光龍年分貢行用 滿宅朱紫羅金叢負隱入在林晶宮鍾坐

一個東來一個西 植頭九寄存养榜 有如月缺再團圓 鴨路紛紛七詩船 水近樓台有個憂 明台山下水飛飛

雁行風志拆

雁行風急夢天高 歸來輾轉前錢 孤性厘嬉走一遭 出去重磨硝內刀 不肯失身逢險處 不是一齒剛銀志 誰知有路得逍遙 如何平路上雲霄

此命經營須免安閑到遲風浪裡独棹孤舟山林宿夜逢猛虎龜尪处會脫身能見机于進退成佛心腸殺人口觜小事不能消大事會驅除口嫌親皆如仇對面爭分與眾莫嫌如此淡乃命所招也

○癸巳 ☷ 剝卦

鉉基 得位遭高須有傾 是午遇大潮天開

天丑辛非卯登樓天 良驰未枯井天 門破星亥 窗丙

鉏丑 無辰卯 辰月 鹿巳 益車 逆兩陽 畢修 戢私

負販求如言浪在 秋來三雁 鴻酒 隻戍鴨 抱隨祭

坊强江边衣錦還 昆王方星近山看不盡 悠悠

行藏守己剛明求安樂　回首求愉波錦樂昏因死兵日暖始藏又又　雨驟風狂不久長

行藏尚有卯酉在西北　不須苦苦郎追尋女女鷗路晚來同玄怨　柳明深處桂花香

嗣息雖子只因花過雨　桃李顏牛青黃哥哥晚年只因小難過　一因此時期沒奈何

嗣息栽培多謝明功力　堪笑梅影晚更香　追尋綠水青山依約裡　孤雁野在伴侶眠

青梅傲雪格

系松鶴翔雲霜鬆　節硬心高不改青　兩隻雁飛雲渺渺　一枝花影月分明

鸞情作三更夢　晨昏如何一井水　經過波濤冊殆慁　一杭鳳逆上所宗

此命性硬氣高心慈言直要說合是非多　招人點檢逢人相激重遇平不說明猶有感能

教旅乃衝因愛反成怨只因多只熱心腸

○癸亥　三三　損郵　天子是蒲宮風奮天　長登場一高山有益水戊秋杪

福一一月劍宮花園(癸天)　長望月午宵井西申行舟戊在獄

鑾英莫論成敗與衰來　抱負高名致盛心冠王　秋來楊雁飛不歸　風急天邊陣陣故

未有一条生死路　借他山水作兩梧王　乃越紛飛無信息　江邊井畔亦莫莫

行藏運到野頭唯是見　逢年遇大自通塀　兩客化失相背去　晚來鳴谿到處計

行藏硬過是非須過　此是生前用全分　婚姻自有人携手　休供平生有稻情

嗣息兩邊同深雖花發　在夜秋深一夜有歸　成性不須負酒色　多因前事留連連

嗣息早向前進行好事　只敎晚歲望後什歸　回頭難守保危厄　枯木生花色更鮮

岩前松檜格

松檜凌霜歲月深　堅剛不怕雪霜侵　目非重大千斤貌　慣有和平一片心

語不妄談推性度　事雖高見會沉吟　清貧獨富天排定　莫羨窮居富厚金

此命作事公平為人穩重不會撥弄作直卸能清白分青白制度小人能親近君子慕高

敬上好學思賢只因立性不定心難常生循是藏机不露胸中作事來往人情廣性難

○癸年 三 大畜卦（小天思）丑 秋容 冬枯 卯 憎泥 在井（天馬）巳 雲危天浪 風虎承接（理天）酉 風運 揚花 亥 志而 不秀

鸞基　六鳥不必羅先網　一日長工施大手　王燒石中金在沙　真金曜日王無暇　昆玉　根深難遇江邊逐　收貿江山多少與　右欲成双又各我　晚來松栢同相餞

行藏　逢年合遇貴人發　此是來名成就冬　草木逢新兆有家　春因月映楊花清異加　兜央一對舍分飛　乘舟載酒倘荷花　女女晚花鴨落紛紛去　渡口斷言近節歸　秋深一果寄秋頭　香臆待淨羊猪期若至　休嗟心事九成空

洞見　石老花開春日暮　貴加明廣英妹力　福寿增添得自由　刀用更加福祿重回首　明月清風自不勞

芙蓉映水格

隨色巧裝勝木紅　不禁寒冷雨和風　眼花好看难成実　生落無心畢竟空

嬰尖根生春補時　會經樹入刀斧中　死前勝後金風起　不與甲花浪盡同

命理大四字金前定數

此命只得佐風帆不能暢心事屢遭阻滯力不吃小便宜正欲清閑偏有勞碌是成中見破
造物總常說未定刑迭生出一頭來刑名成敗皆如此方信惶惶不若呆

○癸壬 ䷃ 蒙卦

子 去一蒂芥 遇雨　寅 致錦天 騎牛　辰 池魚 晚網　午 秋後天 壯冊花　申 月偏 異情　戌 秋後 花生

蹉跎巨浪輕舟不用篙　平生無疾几波海冠玉　秋深失雁飛空闊　獨向另七月夜愁
身危苦直至施難下　遠遂英雄作富豪　進有博花冬後發　鳴經霜雪知清冽
行藏中年消息風光好　王孫受寵梅花婚姻中見外夫相緊処　春剛一对戚消停
得遇草頭升水口　携花直至五侯家女思往事淚成夢　晚會前途長異枝
包三果花開齊兩果　晚來一果終歸帝啼　昔嘆嘆多口舌　如年來得已身狂
兩也如狼動家声大　晚依明意合上天旻又方知衣紫服公卿　急急歎手不均號

虎踞梅花格一

獨須扁舟向晚湖　一生興寄心清　帆歸西此風初順　船轉東西浪又高
鳴雁吹開芳草渡　兆夾飛騰休得倚　誰知虎出山林處　方覺英雄服氣豪
此命如枯木逢春早能得雨經過萬千兵悠方遇無限精神勞苦勞力千四十年前早福
享祿十五間之丙不甚冀水連底東桃花那得滿園香

○癸戌 ☶ 艮卦

錢花名園佚李競芬
再整功名天水禍
行藏生世往來福將過
寅金煉就五成器
花正開時恐雨驟
飼鳥命尤有趣閱戊

丑 夫妻卯 風中 巳 財足未 巢穿 酉 秋月亥 桃花
雲月卯也燭 巳 頭臥 下鈞 酉 芙蓉 逐浪
男近東朝繼字香 昆玉棠棣枝遠隔墻頭 雁飛南北過幃相
緣逢左五帥柴貝 征少能向天邊食 向貧柴扃在然
得斎發利始交金 雲猶雨賊用方終 千里相逢月正明
慕入芙蕖謝上兵 婚姻歷乾閑門無佳話 珠簾綉幕西花千
侯同桃李兩枝先壽 隱常年遇大正寶游 鵬化鵬飛遍九湘
荷得葱谷樂此生 負隴難大相逢成一笑 逢萊山上好優游

癸戌雀同陰格一
小丑燥土力壯時 爭加名利未相放 有技不斷柴前草 無篷難栽頭空梅
花謝黃藏桃結早 梅開休恐日來逢 生先若問何晚好 只待飛鳳虎用時
此命如松栽深嶺何疑高樹根株固 定即操貞堅必慈 醫賊定性快出天 肚父母堂前過
容終身嘗顧不全兄弟 雲常秋日清光半不圓 圓六親鴻雁分飛夫妻同林宿 鳥同家眾
看憂前見交三跡兩貧勞心 窘君藥早莫嫌命裡者 啾卿過了風波穩 舊船

鬼谷子先生四字經前定數卷下終